FRANÇOIS HOLLANDE OU LA FORCE DU GENTIL

Du même auteur

Deux hommes pour un fauteuil, chroniques de la cohabitation, Fayard, 2001.

La Madone et le Culbuto, ou l'inlassable ambition de Ségolène Royal et François Hollande, avec Carl Meeus, Fayard, 2006.

Ségolène Royal, l'insoumise, avec Carl Meeus, Fayard, 2007.

Nicolas Sarkozy, le pouvoir et la peur, Stock, 2010.

www.editions-jclattes.fr

Marie-Ève Malouines

FRANÇOIS HOLLANDE OU LA FORCE DU GENTIL

JC Lattès

Ouvrage publié sous la direction
de PASCALE AMAUDRIC

Maquette de couverture : Didier Thimonier
Photo : © John Van Hasselt/Corbis

ISBN : 978-2-7096-3956-9

À Antoine et Grégoire, mes lumières

PROLOGUE

TROP GENTIL POUR ÊTRE HONNÊTE ?

Avec sa bouille ronde et ses joues roses, on ne l'avait pas vu venir.

François Hollande a une vingtaine d'années. Il suit les cours de Sciences-Po à Paris, au début des années 1970. Comme bien d'autres étudiants, il a adhéré à l'Unef, le syndicat le plus représenté dans les universités. Il n'appartient à aucun parti politique. Et pourtant, il vient de mystifier les militants communistes et socialistes du syndicat étudiant, peu suspect d'amateurisme.

Les deux tendances ne parviennent alors pas à se départager pour la direction de leur mouvement, et finissent par s'accorder sur le recrutement d'un prête-nom. Cet homme de paille, supposé gentil et agréable, aurait pour mission de prendre la tête de leur liste électorale. Son rôle s'arrêterait là, les véritables stratèges reprenant les affaires en main après le scrutin. Les deux parties s'entendent sur un condisciple d'aspect inoffensif : François Hollande.

L'étudiant semble sympa, rieur et dévoué. Il se montre toujours prêt à « tenir la table à la péniche », autrement dit il assure volontiers la permanence dans le hall de l'école. Il engage facilement la conversation avec d'autres élèves, dans le but de les faire adhérer. « Le gentil, le brave Hollande » accepte sa mission sans se douter, semble-t-il, de la conspiration. Mais voilà les jeunes manipulateurs qui déchantent vite : celui qui « n'avait pas l'air d'une flèche en politique » prend son rôle au sérieux. Il organise les manifs – nombreuses à l'époque – avec application ; il se montre disponible et toujours prêt à rendre service aux étudiants ; il s'impose comme l'interlocuteur privilégié du directeur de l'école. L'influence du « brave type » décuple au sein du syndicat. Lorsque le gentil Hollande place l'un de ses amis aux avant-postes, plus de doute possible pour les stratèges abusés : à manipulateur, manipulateur et demi !

Presque quarante ans plus tard, François Hollande, qui a volontairement perdu sa bouille ronde et ses joues roses, est candidat du Parti Socialiste à la présidentielle. Contredisant ainsi ses condisciples de la rue Saint-Guillaume, qui ne l'imaginaient sans doute pas capable de se bâtir un tel destin. Au PS, ses fidèles sont pourtant convaincus que le gentil syndicaliste de Sciences-Po nourrissait déjà les plus hautes ambitions politiques.

L'habileté de François Hollande réside dans sa capacité à afficher un profil excessivement humble.

Il paraît inoffensif, mais il dame le pion à tous ses rivaux. Personne ne s'est jamais méfié de ce « brave Hollande », trop effacé et trop gentil pour représenter une menace crédible du point de vue des ambitieux. Comment pourrait-il s'imaginer à l'Élysée, lui qui n'a jamais siégé au gouvernement ? Mais il se pourrait bien que ce candidat-à-la-présidentielle-qui-n'a-même-pas-été-ministre se soit montré « trop gentil pour être honnête ». Car enfin, devient-on l'élu des socialistes par hasard ? Juste par la force d'un sourire jovial, le plaisir de traits d'humour guillerets, et une ambition inoffensive ? Cet étonnant parcours ne serait-il pas plutôt l'aboutissement du chemin d'un arriviste, doublé d'un fin manœuvrier ?

Mais vous rêvez ! François Hollande, un habile conspirateur ? Ses rivaux n'en démordent pas : François Hollande est un petit, un gentil, un modeste, un docile.

« Ce n'est pas un stratège ! Son parcours jusqu'à 2012 ? Ce ne sont que successions de concours de circonstances ! » s'indigne un député socialiste. Il est vrai que l'ascension de François Hollande peut s'interpréter comme un chapelet de bonnes étoiles, qui lui tombent avec bonheur entre les mains. En 1981, François Mitterrand l'emmène, frais émoulu de l'ENA, à l'Élysée. Jacques Delors, pressenti pour la présidentielle de 1995, offre une notoriété inespérée à François Hollande, son porte-parole que personne ne connaissait avant cela. La dissolution ratée de Jacques Chirac en 1997 propulse François Hollande au poste de premier secrétaire, certes, mais y aurait-il accédé si les législatives avaient eu lieu en 1998, à la date prévue, après une campagne menée à son terme ? Notre député en doute sérieusement. La défaite de 2002 permet à François Hollande de rester à la tête du parti, mais le supposé « brillant stratège » ne parvient même pas à s'imposer dans la course présidentielle en 2007 ! Et s'il est finalement investi en 2011, d'après cet élu, l'ambitieux Hollande le doit, avant tout, au retrait de Dominique Strauss-Kahn, et au retard de Martine Aubry pour lancer sa campagne interne au sein du PS. Non, vraiment non, pour cet admirateur de DSK, François Hollande n'a rien d'un cador en politique.

Le candidat PS à la présidentielle se retrouverait donc porteur des espoirs socialistes par inadvertance, ou presque. De quoi nourrir toutes les angoisses des électeurs de gauche.

Mais cette conclusion méconnaît l'adage selon lequel la chance se provoque. « La chance est un oiseau qui attend la venue de l'oiseleur », selon Ausone, un poète du Bas-Empire romain. Et François Hollande apparaît comme un doux oiseleur. Discret et patient, il n'effraie pas les volatiles, il observe tranquillement leurs ballets aériens, mais quand l'un d'eux passe à sa portée, il s'en empare et le fait irrémédiablement sien. Depuis de longues années, François Hollande n'a cessé de forcer sa chance.

Tel élu socialiste parisien juge le camarade Hollande extrêmement arriviste, calculateur, et individualiste : « Il est le plus ambitieux d'entre nous, et le plus constant. Il a toujours roulé pour lui, et rien que pour lui. Il ne s'est jamais vraiment mis au service d'autrui. S'il a paru le faire avec Jacques Delors, c'est parce qu'il était le seul politique auprès de lui. »

Plusieurs biographies ont été consacrées à François Hollande ; la plupart du temps, elles s'accordent sur le « mystère » qui entoure l'ancien premier secrétaire du PS.

Il apparaît comme un homme tranquille et sans aspérités. De François Mitterrand à Jacques Delors, puis Lionel Jospin, son itinéraire se révèle aussi lisse que le plan de carrière d'un haut fonctionnaire de la Cour des comptes, son corps d'origine. Il se serait contenté de prendre le sillage de responsables plus renommés. Pourtant, dans l'histoire du Parti Socialiste, il est celui qui l'a dirigé le plus longtemps. Après avoir fondé le PS en 1971 à Épinay, François Mitterrand en avait conservé les rênes dix ans. Lionel Jospin, premier secrétaire de 1981 à 1988, puis de 1995 à 1997, aura totalisé neuf années. François Hollande, lui, sera resté onze ans, de 1997 à 2008, rue de Solférino.

Au sein même du PS, les avis divergent complètement sur le caractère et le parcours de François

Hollande. « Sa devise, c'est dissoudre pour régner, il ne valorise pas les autres », se lamente un rival, ancien ministre, qui dénonce l'incapacité de François Hollande à trancher les conflits. « Il est solitaire et individualiste », ajoute-t-il. « C'est tellement agréable de travailler avec lui. Il est toujours à l'écoute », se réjouit, à l'inverse, une députée de province.

Il est « trop mou », voire « lâche » du point de vue de ses détracteurs, alors que pour ses obligés, il « gère le temps » habilement. Comme Mitterrand, il « donne du temps au temps ».

Rue de Solférino, au siège du PS, les opinions sur François Hollande se contredisent. Pour un conseiller qui apprécie « son approche humaine des dossiers », un autre s'indigne : « Il n'a aucun affect. »

Ses camarades de lycée ou de l'ENA louent son sens de l'amitié et de la fidélité, mais un vieux compagnon de route socialiste assure : « La fidélité n'est pas un ressort de fonctionnement politique pour lui. François n'exige aucune fidélité, et en parallèle, il n'a jamais été fidèle. »

Il n'est pas un « killer », regrettent ses amis qui l'aimeraient plus incisif. Un cadre du parti précise la technique hollandaise de l'élimination politique : « Il fait des morts par inadvertance. Quand on est en train de mourir à ses pieds, il ne bouge pas, il ne dit rien. Après, si on se remet debout, il s'étonne : "Ah ! bon, c'était grave, tu étais en train de mourir ? Je ne savais pas." Si on est vraiment mort, tant pis. »

« Avec lui, il faut le savoir, il prend tout, il ne donne rien », prévient un fidèle.

Mais il n'y a pas que sur le plan de la stratégie politique que flotte le mystère Hollande ; le secret règne également sur ses convictions profondes, y compris dans les cénacles socialistes.

Les étudiants qui l'ont côtoyé à l'ENA tracent le portrait d'un militant très engagé à gauche, résolu à faire avancer la société française vers un modèle social plus juste. En revanche, des journalistes qui l'ont connu au quotidien *Le Matin* décrivent un type « gentil, mais sans aucune opinion politique ».

Il est réputé inculte : « Se faire prendre en photo en train de lire *L'Histoire de France pour les nuls*, c'est quand même une démonstration ! Je ne l'ai jamais vu citer un livre ou une réplique de film », s'indigne un hiérarque PS. Pourtant, « il est réellement incollable en histoire, en particulier sur celle des républiques », s'extasie une amie de longue date.

Qui est ce François Hollande à la personnalité si insaisissable ? Est-il pudique, ou dissimulateur ?

Autour de lui, ses inconditionnels se réjouissent : enfin, « leur François » occupe sa place, avec la force et la justesse de sa vision pour la France, armé d'un sens tactique imparable. D'un autre côté, ceux qui ont dû le rallier après sa victoire à la primaire continuent de se lamenter sur son indécision et son incapacité à imposer son autorité.

La droite, quant à elle, ne sait pas sur quel pied danser. François Hollande est-il un gentil « trop bon trop con », comme le dit l'adage ? En privé, Nicolas Sarkozy l'a comparé à un « sucre qui se dissout dans un verre d'eau ». Les UMP s'agacent devant cet adversaire tellement lisse et falot qu'il en devient insaisissable. « Il encaisse tous les coups sans réagir ! » s'étonne un député proche du chef de l'État.

D'où vient ce mystérieux François Hollande, ce politique comblé sans avoir rien mérité en apparence ? Et où croit-il arriver avec son allure débonnaire ?

1

ÊTRE LE CHEF

Dans la cour de l'école, François regarde ses camarades. Le collégien les connaît tous : cet élève studieux mais joyeux a plein de copains. Quand la petite bande se retrouve, parfois un peu désœuvrée, il a toujours une bonne idée : une partie de foot, un jeu, une bonne blague. Il est délégué de classe, il aime bien ce rôle d'intermédiaire, qui le met en situation d'argumenter avec les enseignants. Il s'y entend pour défendre ses compères et trouver des excuses à leur mauvaise conduite. Il sait se faire apprécier des uns et des autres ; il est un confident discret.

Celui-là au fond de la cour ? Il aime la quiétude et la solitude ; même au milieu de plusieurs, il se tient en retrait.

Ces deux autres sont toujours prêts à suivre, pour une rigolade, un chahut ou une bataille rangée.

Le grand, les mains dans les poches sous le préau, c'est un costaud. Il dirige sa bande d'une voix catégorique. Il s'impose à coups de poing, de genou, de cartable. Peu importe le moyen, ses corrections sont redoutées. Il est plus craint qu'aimé.

Le petit François rejette ce genre d'autorité car elle repose sur la peur, un sentiment si détestable. Pour lui, ce cogneur règne parce qu'il est le plus dur, le plus brutal, le plus méchant en un mot. Et François n'a pas envie d'être méchant. François est un garçon gentil.

Pourtant, il veut être le chef lui aussi. Il n'aime pas imposer sa volonté aux autres, non, il aime les représenter, il se sent bien quand il parle en leur nom à tous. Il est content que les maîtres l'écoutent. Il est satisfait de revenir vers ses copains, et de les rassurer : tout est arrangé. Ça lui plaît, au petit François, d'emmener une équipe derrière lui. Mais ces instants de plaisir sont trop rares. À la fin des années 1960, c'est à coups de poing que se règlent les litiges entre gamins. Et pour entraîner une bande, il faut avoir le dessus sur le plan des biscoteaux.

Mais l'écolier Hollande ne possède pas un physique de bagarreur. Oh ! il n'a pas peur des coups, et il en reçoit ! Mais il sait qu'il n'est pas équipé pour s'imposer par sa carrure. Il le sait d'autant plus qu'il a un an d'avance et n'est donc pas bâti pareil. En revanche, il est habile pour mettre les rieurs de son côté. Avec lui, on se « marre bien », comme disent les gamins.

Il n'a pas encore étudié Sophocle, selon lequel « ce n'est pas la largeur d'épaule qui fait la souveraineté, c'est l'intelligence », mais il a très vite compris que la force peut se retourner vers son auteur, si son adversaire est futé. Le plus affirmé des costauds peut être désarmé ou ridiculisé par une remarque ironique bien amenée. La formule déclenche alors les rires généralisés, qui sont autant de fines dagues dans la chair du fort en muscles. Et la petite troupe hilare se range derrière l'espiègle. Cette forme d'emprise convient à sa langue bien pendue. Les bons mots foisonnent dans les reparties de cet esprit vif ; il attire par sa drôlerie, il charme ses camarades, car il trouve souvent le ton et l'argument que les maîtres acceptent. D'autres enfants tiennent tête, ils s'obstinent et finissent par être punis. François Hollande désamorce les tensions. Quand l'enseignant s'est un peu entêté, d'une pirouette, le collégien lui permet de clore l'incident dans un éclat de rire.

Or lui, dès son plus jeune âge, veut être joyeux. Sa belle humeur est communicative, François Hollande séduit, il donne envie d'appartenir au groupe qu'il anime. Son autorité réside dans cette capacité d'attraction. Son ascendant est implicite ; il est inutile de menacer : « Je suis le chef et c'est moi qui décide » ; ses copains n'ont pas besoin de recevoir des ordres pour adopter ses bonnes idées. Quand une décision doit être prise, les regards se tournent vers lui. Sa proposition est souvent la meilleure, mais si sa suggestion n'est pas retenue, il n'en fait pas une affaire. François Hollande n'est pas mauvais coucheur. François est rieur, y compris à ses dépens. Bien plus tard, à l'ENA, Ségolène Royal sera conquise par « cette légèreté, ce dynamisme enjoué ».

Partout, durant toute sa carrière, avec admiration ou amertume selon qu'ils sont ses amis ou ses rivaux, tous le constatent : François Hollande devient chef sans jamais le demander.

Dans la cour de l'école, François Hollande apprend aussi qu'il vaut mieux savoir cacher son envie pour toucher au but. On ne se méfie jamais du modeste. Au foot, après avoir marqué un premier point, autant laisser croire à l'équipe adverse que le hasard a envoyé le ballon au fond du filet. La défense reste relâchée, on a plus de chance de tromper une nouvelle fois le goal. Quarante ans plus tard, le candidat socialiste admet cette vocation précoce pour un commandement doux. Il est « troublant » de voir que certains veulent diriger et d'autres suivre, participer ou s'isoler. Toutes ces « qualités sont gratifiantes », souligne-t-il avec modestie.

Le collégien passe ensuite au lycée, et l'adolescent mesure combien la victoire soude une équipe. Mai 68 arrive, et le jeune garçon découvre l'exaltation de la contestation. François se prend au jeu des assemblées générales, il s'initie à la prise de parole devant de nombreux élèves, qui s'enflamment au gré des discours des orateurs plus ou moins doués. L'apprenti leader comprend qu'il ne suffit pas de s'exposer au premier rang pour être investi d'un mandat collectif. Il faut savoir construire une histoire commune. Les victoires acquises ensemble écrivent la saga du groupe, et cimentent sa cohésion. Peu importe les moyens, force ou ruse, humour ou argumentaire élaboré, le principal réside dans le succès. Sur un terrain de foot, en salle de classe ou mandaté par une AG auprès du directeur, l'essentiel tient à la victoire. Qu'elle se dessine petite ou grande, il la faut acquise ; et si François Hollande veut représenter les autres, c'est « pour être reconnu, pour se sentir utile ».

Cette méthode de l'autorité joyeuse et implicite, expérimentée par l'écolier, demeure celle du premier des socialistes. François incarne « un mélange de sérieux et de fiabilité, sans se prendre au sérieux », résume Harlem Désir en 2005.

Quand il s'est installé à la tête du PS, en 1997, François Hollande a souvent négligé les querelles internes, les rapports de force ; il goûtait assez peu les rivalités entre les familles d'ego qu'étaient devenus les courants de pensée originels du parti. Le premier secrétaire n'a même pas cherché à créer un groupe d'influence militant à sa main, mais il n'a oublié aucune bataille électorale. Le relevé des victoires acquises sous sa direction est bien étoffé : aux européennes de 1999, il conduit une liste avec les radicaux de gauche et le mouvement de Jean-Pierre Chevènement ; il mène son parti au succès à l'occasion des cantonales et des régionales en 2004 ; la même année il reprend une nouvelle fois la tête des socialistes aux européennes, et recueille l'excellent score de 29 %. Son bilan personnel de premier secrétaire est éloquent. Si éloquent que François Hollande est alors persuadé d'avoir obtenu son brevet de candidat à la présidentielle. Mais un échec au référendum européen de 2005 brise son élan. Sous sa houlette, les militants avaient approuvé le oui, mais le pays tout entier a désavoué ce choix, avec l'aval d'une moitié de son parti qui moque désormais son manque d'autorité. François Hollande n'est plus un chef joyeux et entraînant, il devient aussi sinistre qu'un chansonnier qui cherche en vain la chute d'une histoire drôle.

Le premier secrétaire se retrouve affublé de mauvais surnoms.

Laurent Fabius avait inventé le terme le plus dévastateur : « Monsieur petite blague », il fait florès. L'expression dévalorise et ridiculise à la fois François Hollande. La compétition est lancée et se poursuit encore, à qui trouvera la boutade la plus cruelle. La liste n'est sans doute pas close : « Fraise des bois » (au milieu des éléphants), « Flamby » (la marque d'un dessert mou et tremblotant), « Guimauve le conquérant », « gauche molle », « capitaine de pédalo », « Babar au pays des éléphants »…

Ils disent tous la même volonté de dévaluer un rival trop lisse.

Ah ! si seulement François Hollande avait viré Fabius et Mélenchon en pleine campagne référendaire… S'il avait montré de gros bras musclés et balancé fièrement son autorité sur la table ! S'il avait piqué une saine colère en dénonçant les méchants ! Les socialistes auraient vidé leur querelle en termes virils et brutaux, comme au congrès de Rennes en 1990.

Au lieu de cela, le premier secrétaire est resté lisse et sage, comme un écolier. Il n'a pas fait acte d'autorité. Tel un chevalier du Moyen Âge, gentil et courtois, il se montre respectueux, patient et constant.

2

L'INFILTRÉ

Il lui est arrivé de prétendre que, s'il n'avait jamais été ministre, c'est parce qu'il ne le voulait pas.

L'affirmation surprend : aucun homme politique n'ose soutenir l'idée qu'il n'a jamais été tenté par un portefeuille ministériel. Mais ce n'est pas tout à fait ce qu'assure François Hollande ; ce qu'il avance, c'est qu'il n'a jamais fait des pieds et des mains pour obtenir un poste dans le gouvernement. Bien sûr qu'il s'y est vu, bien sûr qu'il en a rêvé. Autant qu'un autre, et même plus que d'autres, quand il se berçait d'illusions avec la candidature de Jacques Delors à la présidentielle de 1995. Le ministère des Finances lui était alors promis. Et quand le PS a gagné les législatives en 1997, il s'imaginait bien être nommé dans le gouvernement Jospin. Il fut premier secrétaire, mais pourquoi n'aurait-il pas rejoint l'équipe au gré d'un remaniement ? Et en 2002 encore ! L'accession de son mentor à l'Élysée paraissait possible, son entrée dans le gouvernement devenait inéluctable.

Mais tous ses espoirs se sont brisés un à un, Jacques Delors a renoncé, Lionel Jospin Premier ministre ne l'a jamais désigné, et d'ailleurs, éliminé dès le premier tour, le 21 avril 2002, il n'a jamais été élu président de la République.

Ils sont nombreux à témoigner des déceptions successives de François Hollande. Mais en réalité, personne ne se souvient d'une conversation, d'un aveu révélant qu'il aurait activement sollicité une telle responsabilité. Personne ne raconte une demande claire et ferme de François Hollande auprès de Jacques Delors ou de Lionel Jospin. Il est vrai que François Hollande n'implore jamais rien directement, il préfère suggérer, se positionner au bon endroit, plutôt que de réclamer. Autant il sait plaider la cause de l'un ou de l'autre, comme il le fit pour obtenir le maintien de Ségolène Royal au gouvernement en 2000 malgré ses déboires avec Claude Allègre, autant il se refuse à exposer ses prétentions personnelles. Comme le cadre qui a postulé en vain à la place de son directeur et qui en devient le souffre-douleur, le premier secrétaire ne veut pas se retrouver en position de faiblesse, si d'aventure sa demande était repoussée. Plusieurs dignitaires en témoignent : lors du remaniement de mars 2000 consécutif à la démission de Dominique Strauss-Kahn, François Hollande aurait pu quitter la rue de Solférino pour Bercy. Spécialiste des questions économiques, budgétaires et fiscales, il ne cessait d'intervenir sur ces dossiers. Lionel Jospin, alors Premier ministre, considérait ses arguments avec sérieux, il savait qu'il avait la carrure pour le poste. Mais d'un autre côté, il ne lui trouvait pas de successeur à la tête du parti. Le numéro deux, à Solférino, Jean-Christophe Cambadélis, venait d'être condamné pour emploi fictif. Laurent Fabius a donc pris la place à Bercy, et l'éternel Jack Lang, ignoré en 1997, a remis la main sur un portefeuille à l'Éducation. François Hollande s'agace du retour des vieux éléphants, mais il n'en laisse rien paraître. Sa gentillesse et son enthousiasme légendaires en pâtiraient. François Hollande ne veut en aucun cas avouer qu'il s'opposait à ces *come-back* ; il confesserait alors avoir perdu l'oreille du patron de la majorité plurielle.

Or le bonheur de François Hollande réside dans sa capacité d'influence, officielle ou officieuse. « Il sait qu'il vaut mieux être dans le pouvoir réel que dans le pouvoir affiché, résume une parlementaire de ses amies. Il n'a pas envie d'être ministre pour faire semblant. »

Il n'est pas du genre à se pâmer devant n'importe quel portefeuille. François Hollande ne fait pas partie de ces politiques pour lesquels peu importe le domaine de compétence, pourvu qu'ils aient le titre et le jeton de présence au conseil du mercredi matin à l'Élysée. Cet homme ambitieux, pragmatique, veut entrer au gouvernement pour gérer l'Économie et les Finances à Bercy. À tout prendre, il préfère encore la rue de Solférino à un rang de ministre délégué où il se morfondrait dans l'ombre de son ministre de tutelle.

Car François Hollande n'a pas décidé de s'engager dans les affaires publiques pour mener une carrière politique, comme d'autres entreprennent une carrière médicale. François Hollande a préparé le concours de la Banque de France, il est diplômé d'HEC, de Sciences-Po, de l'ENA. Ses brevets sont autant de gages de compétence dans la manche de ce futur haut fonctionnaire socialiste. Le but de l'étudiant Hollande est d'investir l'État, sa mission, de prendre le pouvoir, son ambition, de subvertir la société de l'intérieur. Rien que ça !

« Prendre le pouvoir », c'était l'objectif qu'il s'était assigné avec ses copains de régiment. Une bande dont il a toujours été le meneur, et qui l'entoure encore aujourd'hui. Ils s'appellent Michel Sapin, Jean-Maurice Ripert, Jean-Pierre Jouyet, Bernard Cottin. Le hasard des obligations militaires les a réunis pendant un mois à la caserne de Coëtquidan. Ils sont tous diplômés de Sciences-Po mais se découvrent bien d'autres points communs.

À l'exception de Jean-Maurice, enfant de diplomate avec lequel François a tissé des liens d'amitié indéfectibles, ils sont tous provinciaux. Ils sont fils de notables, auxquels leurs pères, engagés à droite pour la plupart, ont inculqué le respect de l'État. Ils ne se reconnaissent pas dans les codes de la jeune bourgeoisie parisienne qui a battu le pavé en 1968. La politique est pour eux une aventure sérieuse, rigoureuse. Ce qui les indigne par-dessus tout, c'est la façon dont la majorité accapare le pouvoir. Comme si la droite seule bénéficiait de la légitimité nécessaire pour l'exercer.

En ces temps de giscardisme triomphant, l'alternative se joue entre l'UDF et les gaullistes. Eux se sentent exclus par cette élite autoproclamée, aussi humiliés que les ouvriers, les employés et leurs enfants avec lesquels ils ont passé leurs jeunes années. Cette France aux mains de la droite leur paraît injuste, favorisant les héritiers et ne récompensant pas les méritants.

Ils en parlent souvent, passionnément. Ce débat noue l'amitié de François et Jean-Maurice. La discussion sera épique, dans un café enfumé du Quartier latin, entre trois condisciples de Sciences-Po, François Hollande, Jean-Maurice Ripert et Christian Clavier. Les deux derniers sont amis au point que l'artiste en devenir a suivi son copain rue Saint-Guillaume. Tous les trois viennent du lycée Pasteur à Neuilly (où la bande du Splendid s'est déjà constituée). Les trois étudiants se demandent comment réformer cette société qu'ils jugent incohérente. Clavier défend la dénonciation par la création artistique. François et Jean-Maurice n'en tiennent que pour une vision noble de la politique. Ils le martèlent au futur comédien perplexe : seul l'engagement politique est à même de faire bouger réellement les lignes, l'injustice sociale doit être corrigée au cœur des rouages de l'État. Jean-Maurice s'emporte, François use d'un ton plus distancé, mais leurs argumentaires concordent. Leur amitié est née, cimentée par leur ambition politique commune. Christian Clavier, lui, se tourne résolument vers le café-théâtre.

Hollande et Ripert sont donc décidés à bousculer la droite qui s'arroge l'exercice du pouvoir comme s'il lui était dû et qui, surtout, tient tous les mécanismes de l'État, qu'elle a investis depuis tant d'années. Comment l'en déloger ? Comment organiser différemment le système afin que chacun y trouve sa place ? À Coëtquidan, la moindre occasion est bonne pour recommencer ces discussions passionnées. Ces mousquetaires qui manient mieux le stylo que l'épée sont persuadés d'une chose : c'est toute la société qui doit être rebâtie. François Hollande lance la formule « il faut prendre le pouvoir ! » « Il faut subvertir le pouvoir ! » s'enflamment ces réformistes.

Ils se destinent à l'ENA. L'École nationale d'administration forme les futurs serviteurs de l'État ; l'opération « subversion » va donc démarrer au cœur de la sage institution. Les conjurés de Coëtquidan fondent leur propre syndicat. Son nom ne cache pas leur ambition : Comité d'action pour la réforme de l'ENA, ou « Carena ». Les hauts fonctionnaires ne doivent pas reproduire les règles de l'élite dominante de droite, ils doivent, au cours de leurs études, s'imprégner de valeurs plus égalitaires. Les étudiants veulent introduire de nouveaux principes : des cours plus pratiques, une ouverture plus large de l'école sur la société, davantage de social dans l'enseignement, et surtout la fin de la sortie directe dans les grands corps de l'État pour les meilleurs. Cette dernière revendication équivaut à réclamer la fin du classement de sortie des diplômés, le système donnant lieu, selon eux, à une compétition nuisible entre élèves. L'ENA ne doit plus se comporter comme une « machine à classer ses étudiants », elle doit « former les serviteurs de l'État », annonce leur profession de foi.

Cette volonté d'investir l'État de l'intérieur, cette approche très réaliste des mécanismes de pouvoir, est nourrie par un constat assez prosaïque. Ces jeunes gens ambitieux ont suivi avec beaucoup d'intérêt la courte défaite de François Mitterrand en 1974 face à Valéry Giscard d'Estaing. Ils en ont conclu que la victoire de la gauche était possible, soit aux législatives de 1978, soit à la présidentielle de 1981. Et ces jeunes gens, qui savent compter, ont calculé qu'en 1981, ils seraient de hauts fonctionnaires, tout frais émoulus de l'ENA. Ils seront parfaitement formés pour investir les rouages du pouvoir et le « subvertir ».

Ce raisonnement est particulièrement celui de François Hollande. Dès sa sortie de la promotion Voltaire, en 1980, Jacques Attali le recrute pour intégrer l'équipe qui prépare la candidature de

François Mitterrand. Ils ne sont pas nombreux. Tant mieux, ses progrès n'en seront que plus rapides.

François Hollande se destine déjà aux hautes responsabilités politiques. Deux anecdotes le prouvent. Chacune a sa version gentille, et une autre version plus révélatrice de calculs stratégiques bien anticipés.

François Hollande n'était pas censé faire son service militaire avec ses copains. Myope comme une taupe, il avait été réformé mais s'était démené pour être incorporé quand même. Version gentille : il ne voulait pas perdre ses nouveaux camarades de vue. La version de l'ambitieux, confiée à un ami à l'époque, est différente. « Tu comprends, si je veux devenir ministre, je ne peux pas avoir été réformé. »

À la sortie de l'ENA, François Hollande est plutôt bien classé, il est « dans la botte », il appartient aux meilleurs ; il peut intégrer le corps des inspecteurs des Finances, le plus prestigieux, celui auquel aspirent la plupart des jeunes énarques. Son ami Jean-Pierre Jouyet, arrivé juste derrière lui, en rêve. Pourtant, François Hollande renonce à l'inspection des Finances. Version gentille, il fait une fleur à un ami. La version de l'ambitieux est moins romantique. Choisir « l'inspection » revenait à passer la majeure partie des deux prochaines années en province. La Cour des comptes, à Paris, laisse beaucoup plus de temps libre. Le jeune Rastignac décide de rester dans la capitale. Il gère très efficacement son emploi du temps. Il trouve sa place dans l'équipe de campagne du candidat socialiste, il défie Jacques Chirac sur ses terres en Corrèze aux législatives de 1981, il appartient à une cellule officieuse de François Mitterrand à l'Élysée.

Au début, comme sa compagne Ségolène Royal, il intègre le groupe de travail de Jean-Louis Bianco, animé par le conseiller spécial Jacques Attali. Ils ont un bureau rue de l'Élysée. Ils produisent des notes à destination du chef de l'État qu'ils croisent rarement. Officiellement, ils n'existent pas. Mais très vite, François Hollande tient un rôle de confiance dans les affaires secrètes du monarque.

Méthodiquement, pendant le premier septennat, François Hollande sillonne les allées du pouvoir, et s'initie à leurs méandres les plus obscurs. Dans un premier temps, il supervise le financement de l'association de l'épouse du Président[1]. Tout doit être tenu dans les règles légales. Il ne rend de comptes qu'au chef de l'État. Est-il question de fonds secrets ? La mission est trop clandestine pour que l'on puisse l'affirmer.

Mais il est question d'une autre mission secrète, pour laquelle les récits convergent. François Hollande était l'agent de liaison de l'Élysée pour vérifier que les caisses de SOS Racisme étaient suffisamment fournies. Il « s'assure de l'utilisation normale

---

1. Serge Raffy, *François Hollande, itinéraire secret*, Fayard, 2011.

des fonds secrets[1] », selon un témoin direct de l'époque. Il est la « petite main invisible », celle qui assure les subsides de l'association. Julien Dray, un ancien trotskiste, est le fondateur de ce mouvement improvisé contre le racisme. Les dénicheurs de tendances de l'Élysée, Jean-Louis Bianco et Jacques Attali, repèrent ce groupe, confidentiel au début, mais qui va s'amplifier en phénomène de génération. L'un des principes de François Mitterrand est qu'une élection présidentielle ne peut se priver de la jeunesse. SOS Racisme – son message discrètement politique et sa mobilisation festive – constitue le meilleur outil pour capter cette classe d'âge en vue de la présidentielle. D'une main François Mitterrand participe à la mobilisation des antiracistes, de l'autre il entretient la montée du leader du Front National, Jean-Marie Le Pen, dont les scores s'envolent sous la gauche. Dès les premières années de son septennat, le président socialiste plaide auprès du ministère de la Communication pour que le leader frontiste puisse s'exprimer à la télévision. L'instauration du scrutin proportionnel aux législatives de 1986 permet l'élection de trente-cinq députés FN à l'Assemblée nationale, ce qui affaiblit d'autant la victoire de la droite RPR-UDF. En 1988, grâce à cette association habilement utilisée, le slogan « génération Mitterrand » donne un coup de jeune à la candidature du président sortant,

______

1. Entretien avec l'auteur.

pourtant âgé de soixante et onze ans. François Hollande est aux premières loges pour apprécier l'intelligence de ce qui demeure, malgré tout, une formidable manipulation politique.

Mais elle n'est pas la seule machination pernicieuse à son actif.

Si son rôle peut être minimisé dans l'aventure SOS Racisme, où il n'a joué que les intermédiaires, dans un autre événement, François Hollande devient, en toute conscience, un participant actif et motivé d'une mystification exceptionnelle : l'affaire Caton.

À première vue, il s'agit d'un bon coup éditorial. À y regarder de près, l'opération consiste en une manipulation politique d'envergure. Car les intentions de ce canular sont totalement politiques.

En septembre 1982, les municipales s'annoncent désastreuses pour la gauche. François Mitterrand se désole du manque de souffle des socialistes, alors que, selon lui, le camp « UDF-RPR », divisé, se décompose beaucoup plus qu'il n'y paraît. Encore faudrait-il démontrer cette fragilité. C'est à partir de cette volonté de révéler le morcellement de la droite que germe l'idée d'un livre anonyme très critique… sur la gauche. Dans ce choix paradoxal réside toute l'intelligence de l'opération. L'auteur du pamphlet serait supposé très engagé à droite, il taperait logiquement sur ses adversaires ; mais dans le même temps, il se montrerait également énervé par les erreurs de son camp. Ses critiques seraient bien plus cruelles et blessantes vis-à-vis de ses propres amis que les mises en cause, assez convenues et donc inoffensives, concernant la gauche.

André Bercoff, ami de Jacques Attali, a déjà démontré ses talents d'auteur de livre de politique-fiction, il vient d'en consacrer un à François Mitterrand. Il prend le pseudonyme de Caton, pour publier un récit acerbe intitulé *De la reconquête*. L'essai est un succès. Le microcosme glose sans fin sur ce mystérieux expert du dessous des cartes. La justesse du ton, de l'analyse et de la description des coulisses de l'UDF et du RPR mystifie les responsables politiques de droite comme de gauche. Pendant une année entière, Caton vend son livre, alimente une chronique régulière dans l'hebdomadaire *VSD*, et fait couler beaucoup d'encre sans jamais rien révéler de son identité. *Le Figaro* encense le billettiste de droite, à la vision si acérée ; Alain Peyrefitte, Valéry Giscard d'Estaing, Raymond Barre sont soupçonnés de tenir cette plume masquée ; plusieurs médias interrogent cet écrivain anonyme sans parvenir à le débusquer. Seules cinq personnes connaissent la vérité : François Mitterrand, l'initiateur de la machination ; Jacques Attali, qui a recruté l'auteur, André Bercoff ; Claude Durand, l'éditeur ; et François Hollande, celui qui fournit toutes les notes imaginables et nécessaires à la crédibilité de l'opération. Il est donc le nègre de Bercoff, l'Auguste Maquet de l'histoire. Mais à la différence de celui qui assurait rédiger l'essentiel des récits d'Alexandre Dumas, François Hollande ne fera pas de procès pour réclamer des droits d'auteur. Le conseiller occulte de l'Élysée connaît si bien la pensée de l'écrivain anonyme qu'il réussit à passer pour lui, lors d'une émission de radio où il remplace André Bercoff, dont la voix était reconnaissable. Jacques Attali attendra vingt ans avant de révéler le fin mot de l'histoire, et le nom de François Mitterrand. Aujourd'hui, l'affaire ressemble à une énorme blague de potache. Mais dans les années 1980, on imagine aisément quel scandale aurait éclaté si la droite avait découvert que le président de la République en personne était à l'origine de cette opération politique, assez déloyale, destinée à affaiblir le camp adverse.

Le secret a été bien gardé. François Hollande s'en est franchement amusé, il a bien ri des interrogations de l'opposition. Surtout, il a beaucoup appris sur les façons détournées de pratiquer l'art de la politique.

Mais son initiation de l'ombre n'est pas achevée. S'il connaît les ruelles obscures du pouvoir, à l'Élysée ou dans les mouvements de société, il lui faut maintenant percer les secrets de fabrication du quatrième pouvoir : la presse.

L'enseignement commence dans un ministère et se termine au *Matin* de Paris. François Hollande réussit l'exploit d'être le seul responsable politique à s'être offert une escapade dans le monde journalistique, tout en poursuivant sa carrière électorale en Corrèze.

En 1983, il avait choisi d'investir le petit secrétariat d'État de Max Gallo, le porte-parole du gouvernement Mauroy ; François Hollande devient son directeur de cabinet. Sur le plan du protocole, le portefeuille est modeste ; sur le plan de l'influence, il est immense, le porte-parole étant chargé d'expliquer, de justifier et de médiatiser les décisions du gouvernement. Il doit être au courant de tout, pour avoir réponse à tout. Il est au cœur de la machine. Ses interlocuteurs ? L'Élysée, les autres ministères, et beaucoup, beaucoup, beaucoup de journalistes.

François Hollande découvre les rites de la presse. Ses impératifs, ses lacunes, ses inimitiés, ses réseaux. Il est le roi du « off ». Celui qui informe les auteurs des articles, sans être cité. Il s'efforce d'orienter, en douceur, sans se dévoiler, la tonalité des papiers. L'énarque apprend vite ; il a compris combien il est utile de mâcher le travail des médias, sans avoir l'air d'y toucher. Son humour est une arme efficace pour bénéficier de la confiance des journalistes, ses formules vives sont du meilleur effet dans leurs copies.

L'ancien élève de l'ENA se souvient de l'échec de sa première rencontre avec la presse nationale. Son syndicat venait de gagner les élections rue des Saints-Pères. Le jeune ambitieux voulait faire connaître sa victoire dans le « grand journal du soir », *Le Monde,* la bible du milieu politique. Avec

Michel Sapin, le jeune élu s'en était donc allé vanter ses mérites à André Passeron, le journaliste qui avait narré tous les grands épisodes politiques de la France gaulliste. Le fondateur du mouvement réformiste au sein de l'école de l'administration lui expliqua tout de la profondeur de cette démarche politique innovante. Le chroniqueur du *Monde* en avait vu d'autres, visiblement, le sujet ne le bouleversa pas. Le titre de l'article apparaît à la hauteur de la réputation du journal, sobre et sérieux : « Un syndicat apolitique remporte les élections à l'ENA ». François Hollande fut déçu, on ne l'y reprendrait plus.

Au côté de Max Gallo, l'ambitieux se construit un solide réseau chez les journalistes. Edwy Plenel, Claire Chazal, Laurent Joffrin, Laurent Mauduit font partie de ses interlocuteurs.

L'expérience est enrichissante, mais François Hollande l'approfondit encore.

Max Gallo quitte le gouvernement et s'installe aux manettes d'un quotidien, *Le Matin*. Le journal a été créé en 1977 par Claude Perdriel, un homme de presse proche de François Mitterrand dans les années 1970, mais qui s'est fâché avec lui lors de la campagne de 1981. Depuis l'accession de la gauche au pouvoir, le nombre de lecteurs ne cesse de chuter, le quotidien se trouve au bord du dépôt de bilan. Le fondateur de la Fnac, Max Théret, ami de François Mitterrand, rachète le journal ; Max Gallo assume la fonction de directeur de la rédaction.

L'arrivée de Max Gallo, l'ancien porte-parole du gouvernement, déclenche un tollé. Une vingtaine de journalistes font jouer leur clause de conscience. L'ambiance est explosive. Les confrères se surveillent entre eux, à l'affût de la moindre allégeance suspecte au pouvoir socialiste.

Énarque, ancien conseiller occulte de François Mitterrand, ancien directeur de cabinet du porte-parole du gouvernement : sur le CV de François Hollande, les titres qui apparaissent ne constituent pas un atout lorsqu'il débarque au milieu de cette guerre de tranchées. Mais l'apprenti journaliste survit. Avec son sourire, sa jovialité, sa gentillesse et sa disponibilité, il se fait admettre, puis apprécier. Quinze ans après, les souvenirs de ses « ex-confrères » sont confus quant à son rôle véritable. Il appartient au service économique, mais il n'y a pas de fonction précise. Gallo l'a présenté comme un renfort informel, il peut indiquer un spécialiste, dénicher un rapport intéressant… François Hollande écrit des éditos, toutes les semaines selon l'un, une fois par mois tout au plus à en croire un autre. Lui-même convient évasivement d'une contribution épisodique. Il participe à la conférence de rédaction, mais sans rien dire. Il ne met pas en avant ses opinions politiques. Par prudence aux yeux des uns. Parce qu'il n'en a pas, jure un autre.

Il s'imprègne des codes journalistiques. Il apprend que le papier commandé par le rédacteur en chef doit être rendu à l'heure, que le reporter ait obtenu des informations essentielles ou pas. Le futur responsable politique en retient qu'il ne faut jamais abandonner un plumitif face au vide de la page blanche. Bien des années plus tard, devenu porte-parole du PS, il s'astreint à une disponibilité de tous les instants. Il reste l'un des rares à savoir anticiper précisément les sujets que la presse va développer. Son expérience au *Matin* lui a enseigné comment prévoir le déroulement des conférences de rédaction, ces réunions qui décident du contenu du journal. Il prédit les angles des papiers avant même d'avoir été appelé par les rédacteurs, il décrypte les attentes de leurs supérieurs. Fort de ces informations, toujours prêt à une plaisanterie amicale, François Hollande n'a pas son pareil pour devancer les désirs de la presse. Au point que certains de ses rivaux socialistes le traitent souvent de chouchou des médias, mais avec une pointe d'envie dans leur moue méprisante.

En 1988, François Hollande peut se dire qu'il n'a pas perdu son temps : il connaît désormais les rouages politiques de l'État à travers son expérience à l'Élysée, il connaît les ruses nécessaires à la création de mouvements d'opinion avec SOS Racisme ; il connaît le mode de fonctionnement d'une administration dans le cadre d'un ministère, il connaît les secrets de fabrication de la presse. Le conjuré de Coëtquidan qui voulait prendre le pouvoir a bien entamé son parcours. Certes, il est ignoré du public, même au sein du Parti Socialiste, son mérite est inexistant. Pourtant, ce Rastignac moderne a bien investi les rouages de l'État. Il ne lui reste qu'à les « subvertir » à visage découvert, armé de son grand sourire, aussi gentil qu'inoffensif.

3

LE NAÏF DÉNIAISÉ

À l'origine, chez les Romains, le gentil est un noble. Le terme « *gentilis* » désigne un patricien issu de l'un des clans fondateurs de Rome, la « *gens*[1] ». Par extension, le mot s'applique à ses esclaves, qui appartiennent à sa famille. Être « gentil » ne suppose alors aucune connotation morale. Le concept continuera d'évoluer selon les époques et les lieux, jusqu'à désigner les incroyants. Pour les chrétiens, le vocable concerne les impies. Mais le Moyen Âge revient à cette première notion de noblesse. Une noblesse comprise comme une communauté sociale, plutôt que porteuse d'une conduite louable ; dans la *Chanson de Roland*, la locution « *gentilz hoem* » est utilisée par les barons pour tenter d'obtenir la clémence de Charlemagne vis-à-vis de Ganelon, le traître, l'organisateur de l'embuscade de Roncevaux.

---

1. Analyses extraites du livre d'Emmanuel Jaffelin, *Petit éloge de la gentillesse*, éd. François Bourin, 2011.

Avec Chrétien de Troyes et son Lancelot, la « *jantillesce* » s'applique non plus à une personne, mais à une attitude, régie par les valeurs chevaleresques de la noblesse. Le chevalier courtois est animé de sentiments purs et élevés, il sait dominer son émotion charnelle envers son amie, en faisant preuve de patience, d'amabilité et de générosité. Il est le prototype du gentil, au cœur transparent, innocent, voire un peu naïf. Mais la Renaissance fait basculer ce beau héros loyal vers le modèle du courtisan : le chevalier courtois fait bientôt place au flagorneur, tout aussi délicieusement affable et agréable, en apparence. Car le complimenteur royal est mû par une forte arrière-pensée : sa faveur personnelle. L'ingénu se transforme donc en cynique, il tisse sa toile comme un réseau d'obligés, en vue de sa promotion individuelle.

La politique a-t-elle suivi la même évolution que cette noblesse de cour ? Les représentants du peuple, aux idéaux chevaleresques, se sont-ils changés en courtisans du peuple, organisant leur influence pour gagner la faveur populaire à leur avantage ? Les gentils ont-ils mû en cyniques ? Ce cheminement peut-il correspondre au parcours de François Hollande ? Le gentil réformiste de l'ENA, un peu candide, désireux de subvertir la société pour la rendre plus juste, s'est-il métamorphosé en un manœuvrier pragmatique, après s'être frotté aux aspérités de la conquête du pouvoir ?

« Je me suis engagé très jeune. Je pensais, naïvement, que la gauche était la poursuite exclusive du bien ! J'ai mesuré [depuis] la part des jeux de pouvoir et des rapports de force qui éloignent de la pureté des idées », avoue-t-il à Jean-Yves Boulic[1].

Retour sur les déconvenues d'un jeune ambitieux un peu crédule.

En 1981, François Hollande n'a que vingt-six ans. Il est à peine sorti de l'ENA, qu'il a rejoint le Q.G. de campagne du futur président de la République. Maintenant, il fait partie de ses conseillers occultes à l'Élysée. D'autres ont attendu cette victoire de la gauche des dizaines d'années durant ; pour lui, l'aventure s'est jouée en quelques printemps. Et ce n'est pas fini ! Il est candidat aux élections législatives de juin 1981, et pas n'importe où : le débutant François Hollande tente sa chance en Corrèze, face à Jacques Chirac, l'un des adversaires de François Mitterrand quelques semaines plus tôt. Il va se frotter à l'un des meilleurs de la droite ; il s'imagine le héros d'une épopée fantastique.

Ses copains de l'ENA viennent en renfort, pour soutenir sa campagne ; ils l'accompagnent à un meeting de Jacques Chirac. Avec aplomb, au milieu d'un public hostile, le jeune socialiste inconnu défie le président du RPR. Sa notoriété locale décuple.

---

1. Jean-Yves Boulic, *Ceux qui croient au ciel et ceux qui n'y croient pas*, Grasset, 2002

Il faut dire qu'elle partait de bien bas ; pour Jacques Chirac, à l'époque, François Hollande est « moins connu que le labrador de Mitterrand ». Peu importe au candidat enthousiaste, il veut contraindre le maître de la Corrèze à un second tour. Dans ce cas de figure, il s'imagine créer la surprise en rassemblant toutes les oppositions au maire de Paris. Après une telle démonstration, son arrivée au Palais-Bourbon serait fracassante, sa victoire le propulserait au cœur du nouveau pouvoir de gauche. Le député lancerait son programme de subversion de l'État. Mais pour franchir ce premier cap, François Hollande a besoin d'un coup de pouce. Il ne réclame pas grand-chose, juste qu'un ou deux visages connus du Parti Socialiste viennent lui prêter main-forte à Ussel. Le challenger de Jacques Chirac téléphone à Paul Quilès à Paris, mais l'ancien directeur de la campagne de François Mitterrand ne trouve personne à lui proposer. François Hollande insiste, rien n'y fait, aucun responsable national n'est disponible pour porter la contradiction au fondateur du RPR en Corrèze. Le soir du premier tour, François Hollande est d'autant plus déçu qu'il a raté son but de quelques voix seulement, à peine deux cent quarante-trois bulletins.

Mais au fil des semaines, des socialistes lui dessillent les yeux : l'absence de poids lourd en Corrèze était intentionnelle. Dans un premier temps, ses aînés lui expliquent l'un des principes républicains du mitterrandisme, selon lequel on ne va pas ennuyer un adversaire chez lui. L'analyse se fait plus fine : François Mitterrand craignait un éventuel retour de Valéry Giscard d'Estaing ; dans ce cas, le rival du président sortant, tout aussi à droite que lui, pouvait être utile. Priver Jacques Chirac de sa tribune à l'Assemblée nationale aurait fragilisé ce travail de sape. François Hollande découvre ensuite une version chuchotée dans les couloirs : grâce à Jacques Chirac, entre les deux tours de l'élection du 10 mai, les fichiers des adhérents du RPR seraient miraculeusement parvenus au siège de campagne de François Mitterrand. Vrai ou faux, peu importe, ces confidences apprennent à François Hollande pourquoi son propre camp n'a pas encouragé sa bataille en Corrèze face à Jacques Chirac ; le candidat socialiste n'y faisait que de la figuration, la défaite de Jacques Chirac n'était pas souhaitée.

La leçon lui laisse un petit goût amer, mais il en tire un enseignement : dans le combat politique, la victoire ne repose pas uniquement sur ses forces, elle dépend également de la division de l'adversaire. Il est fort utile d'entretenir les querelles internes du camp d'en face. Pour remplir toutes ces conditions, mieux vaut avoir toutes les clés en main, y compris celles des arrière-cuisines.

Cette découverte n'écorne pas trop l'image de François Mitterrand auprès du député déçu. L'épisode qui suit aura un peu plus d'influence dans le regard distancié que François Hollande portera sur le président socialiste.

L'étape est franchie avec le soutien que l'homme du 10 mai apporte à une liste concurrente de celle du PS aux européennes de 1994. Cette liste est conduite par Bernard Tapie, et elle est programmée pour torpiller celle de Michel Rocard. L'ancien Premier ministre a eu l'outrecuidance de prendre la direction du PS, le parti du président, après le désastre des législatives de 1993. Si Michel Rocard transforme l'essai aux européennes, il se retrouve en piste pour le prochain scrutin élyséen ; et cet affront, François Mitterrand ne pourrait pas le supporter. Pour empêcher ce malheur d'advenir, le président ne se contente pas de financer la campagne des concurrents du Parti Socialiste avec des fonds secrets, il va jusqu'à superviser la composition de cette liste[1] !

François Hollande désapprouve cette logique qui conduit à dévaster son propre camp. Il n'apprécie pas non plus que l'instrument de cette vengeance mitterrandienne s'appelle Bernard Tapie. Quand le chef de l'État s'était entiché de l'homme d'affaires, quelques années plus tôt, François Hollande, qui avait rencontré le businessman avec Max Gallo, se tenait déjà sur ses gardes. Bernard Tapie avait eu beau vanter les mérites de l'entreprise citoyenne, et se défendre de « vouloir faire du fric », le jeune

---

1. Serge Raffy, *François Hollande, itinéraire secret, op. cit.*

directeur de cabinet avait compris l'inverse. L'aversion du Corrézien est telle que lui, d'habitude si prudent, officialise publiquement son antipathie, lorsque le député de Marseille est nommé ministre de la Ville, au sein du gouvernement Bérégovoy. François Hollande désapprouve ce choix : « Je ne peux m'empêcher de voir dans l'entrée de Bernard Tapie et la sortie de Lionel Jospin comme une coïncidence symbolique. » La phrase apparaît d'autant plus forte qu'à l'époque, François Hollande n'est pas connu pour entretenir des relations particulièrement suivies avec l'ancien ministre de l'Éducation. Après le retour du Marseillais, qui avait dû démissionner lors de sa mise en examen dans une affaire qui aboutira à un non-lieu, François Hollande récidive sans complaisance : « La première nomination était une erreur, la deuxième est une faute. »

Il est inutile de préciser que François Mitterrand ne tient pas compte du désaccord exprimé par le député de Corrèze, puisque Michel Rocard, après son échec aux élections européennes, est contraint de quitter la tête du Parti Socialiste. Blessé, l'ancien Premier ministre clame qu'il a été « abattu par un missile nommé Tapie, tiré par l'Élysée ». Au PS, Michel Rocard est remplacé par le très mitterrandiste Henri Emmanuelli. François Hollande ne se montre pas amer, ce genre de sentiment ne fait pas partie de son répertoire, mais il observe avec déception la façon dont un président au tempérament de monarque s'isole et se renferme sur de noirs desseins personnels. Il ne juge pas le vieil hôte de l'Élysée, il marque toujours du respect envers le vainqueur de 1981 ; mais il se défend d'avoir entretenu des relations affectives avec le chef de l'État ; il assure n'être jamais tombé dans la mitterrandôlatrie. François Hollande va même jusqu'à parler de « théocratie politique[1] » à propos de cet ascendant d'ordre presque divin que François Mitterrand a exercé sur certains de ses laudateurs. Le futur candidat à l'Élysée reste froid ; il observe et poursuit sa route.

Il se rapproche d'un autre mentor, Jacques Delors, mais il est déçu par son manque d'appétit pour l'élection présidentielle[2].

Il se place ensuite dans la roue de Lionel Jospin. Mais après l'échec de 2002, un malentendu s'installe entre les deux hommes. Le soir du 21 avril, Lionel Jospin annonce son retrait de la vie politique, et passe le témoin aux quadras de la génération de François Hollande. « C'est à vous, à votre génération, à toi de prévoir la suite. Cela n'avait plus de sens que ce soit moi qui mène les législatives. Il fallait un acte fort, pour que les Français soient conscients de ce qui venait de se passer », lui explique le Premier ministre, encore sous le choc

---

1. Le cabinet des curiosités par Darkplanneur http://www.dailymotion.com/video/xkwg7a_francois-hollande-dans-le-cabinet-des-curiosites_news

2. Cf. chapitre suivant : « Le gentil filleul ».

de son éviction dès le premier tour du scrutin. François Hollande retient l'encouragement à prendre en main sa destinée. Et celle des socialistes.

Mais quelques années plus tard, en 2006, Lionel Jospin semble avoir oublié son exhortation. Le premier secrétaire est confronté à la montée en puissance de sa compagne, Ségolène Royal ; il a besoin d'une légitimité qui le mette à son tour en position de solliciter l'investiture des militants. Il vient de publier un livre en forme de projet présidentiel[1] ; et déjeune avec Lionel Jospin. Aux yeux de ses amis, le but de ce repas en tête à tête est d'obtenir le renfort de l'ancien patron de la gauche plurielle dans la course présidentielle. Quand François Hollande rend compte de ces agapes à ses proches, il assure que le Premier ministre et lui ont bien parlé de politique, mais pas du livre de François Hollande en quête d'adoubement pour sa candidature. Lionel Jospin lui a téléphoné le lendemain seulement, pour lui dire que son ouvrage était très bien ; et les choses en sont restées là. François Hollande ne lui a rien demandé. Il ne s'épanche pas, il a compris que Lionel Jospin ne le soutiendrait pas ; l'ancien Premier ministre ne lancera pas d'appel en sa faveur.

François Hollande masque sa déception, il espère encore un peu que les circonstances tourneront à

---

1. François Hollande, *Devoirs de vérité*, dialogue avec Edwy Plenel, Stock, 2006.

son avantage. Mais il déchante. Au cours de l'été, lors d'une balade dans l'arrière-pays grassois en compagnie de Ségolène Royal, il prend acte du phénomène qui est en train de se créer autour de la candidature de sa compagne. Les promeneurs viennent la saluer avec entrain et sympathie, ils l'encouragent avec ferveur. Tout au long de ce séjour estival à Mougins, il constate le même élan envers celle qui est déjà surnommée « la Madone ». À son côté, il est bien placé pour comprendre que lui-même ne suscite pas un engouement semblable.

À son retour de vacances, il l'admet devant un ami de longue date : « Je ne suis pas en situation, Ségolène l'est. »

Le député de Corrèze en a fait, du chemin, depuis son premier défi électoral lancé à Jacques Chirac en 1981 ! Il a appris que la politique n'était pas une affaire de naïfs, mais de circonstances. Et les circonstances, il faut savoir les provoquer. Il faut savoir se mettre en situation, il faut savoir réunir un faisceau de conditions positives.

En 1981, grâce à l'alliance avec le Parti Communiste et les radicaux de gauche, François Mitterrand est en position de leader face à la droite. Michel Rocard, le moderniste, apparaît bien plus séduisant aux yeux de certains socialistes, mais il n'est pas en position de force au sein de toute la gauche.

En 1988, François Mitterrand crée le contexte favorable au renouvellement de son mandat ; il a rendu la cohabitation tellement belliqueuse avec son Premier ministre RPR que sa propre mise en scène dans le rôle du patriarche, protecteur et rassurant, se révèle crédible face à la droite portée par un Jacques Chirac agressif.

Quand Jacques Delors renonce à la présidentielle de 1995, c'est parce qu'il n'a pas tracé le chemin nécessaire au ralliement des centristes du CDS. Jacques Delors espérait la victoire de Bernard Bosson, plus conciliant, à la tête du Mouvement des Démocrates Sociaux, pour succéder à Pierre Méhaignerie ; mais lors du congrès des centristes de l'UDF, en décembre 1994, François Bayrou, plus rétif, l'emporte. Jacques Delors recule.

Pressé de s'impliquer dans la course électorale par ses faux amis, concurrencé par la liste Tapie, Michel Rocard ne s'est pas soumis au vote dans de bonnes conditions aux européennes de 1994. Lionel Jospin n'avait pas mis toutes les chances de son côté en 2002, le patron de la gauche plurielle avait laissé ses partenaires défaire leur alliance et se présenter, eux aussi, à la présidentielle.

Tout au long du parcours de François Hollande, les exemples foisonnent de cette impérative obligation de créer les circonstances nécessaires à une candidature ou à une victoire avant de se lancer.

Pour gagner un combat électoral, ou une investiture, il ne suffit pas de le vouloir très fort ; il ne suffit pas de dénoncer les fautes ou les erreurs de son adversaire ; il faut créer les conditions de sa propre légitimité. Cette conclusion, François

Hollande la résume d'une maxime : il faut être « dans son moment ». En 2007, il était persuadé que c'était le moment de Ségolène Royal ; en 2012, il est convaincu que c'est le sien.

Le preux chevalier s'est aguerri. Il ne se montre plus aussi crédule. S'est-il transformé en parfait courtisan, cynique et dissimulé ? Il est sans doute excessif d'imaginer que François Hollande soit passé d'un extrême à l'autre. Le candide a perdu de son innocence, mais il n'est pas devenu immoral pour autant. Il décrypte mieux les phénomènes de cour, il sait comment naviguer, dorénavant, dans les méandres du grand jeu de l'oie politique. Le gentil est devenu un homme averti.

4

LE GENTIL FILLEUL

« Il est toujours à côté du prince », remarque l'un de ceux qui ont connu le premier secrétaire dans les allées du pouvoir élyséen.

C'est vrai que François Hollande s'est toujours tenu dans l'ombre, mais tout près du puissant. Dès la formation du premier gouvernement Mauroy, en 1981, Jacques Delors lui avait proposé d'intégrer son cabinet au ministère de l'Économie, mais François Hollande avait gentiment décliné l'invitation, prétextant ses obligations envers la Cour des comptes. En réalité, ce Rastignac moderne préfère l'arrière-cour de l'Élysée aux intendances ministérielles. Il s'affichera au côté de Jacques Delors quelques années plus tard, quand l'ancien locataire de Bercy sera lesté de tout le poids de son éventuelle candidature à l'Élysée.

Il est à noter que les trois hommes forts auprès desquels François Hollande a grandi sont ceux qui ont le plus marqué l'histoire du PS. François

Mitterrand a été le premier socialiste, et le seul depuis les débuts de la Cinquième République, à s'installer à l'Élysée. François Hollande l'a choisi alors que ses camarades du même âge n'avaient d'yeux que pour Michel Rocard, ou pour les jeunes animateurs des mouvements trotskistes. Comme nous venons de le voir, le « monarque » l'a récompensé de cette décision avisée en l'initiant à toutes les ficelles des jeux de pouvoir.

Après cet apprentissage élyséen, pour progresser au sein du PS, François Hollande a misé sur l'homme de Bruxelles. Un peu éloigné des affaires françaises à l'époque, Jacques Delors apparaît bientôt comme l'unique espoir des socialistes pour tenter de succéder à François Mitterrand en 1995. Mais ce parrain-là s'avère indécis, il finit par abandonner, après avoir fait monter le suspense à son paroxysme.

François Hollande se console très vite avec Lionel Jospin. De tous les Premiers ministres socialistes, ce dernier est le seul à ne pas devoir à François Mitterrand sa nomination à Matignon. Le chef du gouvernement et le premier secrétaire forment un tandem assez original. Tous les mardis matin, lors du « petit déjeuner des éléphants », François Hollande s'assied en face du Premier ministre, à la place d'honneur. Il est encadré par les présidents des groupes parlementaires, Jean-Marc Ayrault pour les députés, Claude Estier pour les sénateurs. En tant que représentant des militants, et par conséquent du peuple de gauche, François Hollande est écouté et entendu. C'est lui qui évalue la portée des décisions du gouvernement au sein de son électorat. Il voit régulièrement le Premier ministre en tête à tête le mercredi, après le Conseil des ministres présidé par Jacques Chirac. Il est le premier informé des péripéties de la cohabitation entre les deux futurs rivaux des scrutins de 2002.

Mitterrand, Delors, Jospin : François Hollande a successivement désigné ceux qui allaient incarner les grands tournants de la saga socialiste contemporaine.

L'histoire de François Hollande a donc commencé avec François Mitterrand. Comme nous l'avons vu, il ne l'a pas choisi comme un adorateur transi, encore moins par vénération. L'homme politique n'a pas suscité sa vocation, ses motivations s'étaient affirmées depuis longtemps. Avec ses amis de l'ENA, il était convaincu que François Mitterrand, jugé archaïque par Michel Rocard, avait plus de chance d'accéder au pouvoir que le leader du PSU.

François Hollande ne croit pas à la stratégie rocardienne de rupture avec les communistes. Cet admirateur de Jean Jaurès préfère le rassemblement et la synthèse, aux scissions. Il est persuadé que les centristes resteront arrimés à la droite et que, privé de l'apport communiste, Michel Rocard ne trouvera pas de majorité.

Candidat des radicaux de gauche, des communistes et du PS, François Mitterrand a échoué d'à peine quatre cent vingt-cinq mille voix à la présidentielle de 1974. Aux cantonales de 1976, pour la première fois, le Parti Socialiste devance le Parti Communiste, et devient le premier parti de gauche en France. La rupture du programme commun, en septembre 1977, pèse sur la défaite de la gauche aux législatives du printemps 1978. Malgré cet échec, François Hollande est convaincu que la posture du rassembleur est la bonne.

Lui qui a choisi l'ENA pour subvertir la société entend, dès sa sortie, se glisser le plus vite possible dans les rouages du pouvoir.

François Hollande accourt donc quand Jacques Attali vient chercher à l'ENA des têtes bien faites et prometteuses pour travailler dans l'équipe du candidat. François Hollande déploie aussitôt son humeur joyeuse et son intelligence sympathique.

Pourtant, au fil des ans, François Hollande n'apparaît plus si enchanté auprès de François Mitterrand. Lui si féru d'économie sent que le prince se désintéresse des affaires économiques et sociales. Il préfère la fréquentation des grands dirigeants mondiaux. Pour son premier sommet international, réunissant les sept pays les plus puissants de la planète, François Mitterrand veut marquer les esprits. Ségolène Royal lui propose une ancienne usine désaffectée du Creusot, pour symboliser le souci du peuple. La pauvrette ! La République doit se montrer dans ses ors, dans ses châteaux, pas dans ses communs. Ce sera Versailles ! Les délégations sont hébergées au Grand Trianon. Après une ultime réunion dans la salle du Sacre, les invités déjeunent dans le salon de la Paix. Le soir, ils dînent dans la galerie des Glaces, avant un feu d'artifice agrémenté de jets d'eau nocturnes. Cette débauche de magnificence chagrine le jeune François Hollande.

Il a le sentiment que François Mitterrand se satisfait un peu trop vite de l'ordre politique ancien, à partir du moment où il en est le maître. Certes, l'impulsion demeure à l'Élysée, mais elle pourrait s'affirmer plus fortement. Le vrai pouvoir siège au gouvernement. François Hollande comprend que c'est là qu'il doit se placer, à la première occasion. C'est ainsi qu'en 1983, au lieu de chercher à s'installer officiellement dans un bureau de l'Élysée, il préfère devenir directeur de cabinet de Max Gallo, le porte-parole du gouvernement.

Il ne laisse pas paraître de ses déceptions. Au contraire, au fil des deux septennats, il gagne la confiance du président.

Dès la première élection de François Mitterrand, sa succession à l'Élysée s'est ouverte, au cas où le vainqueur de 1981 ne se représenterait pas sept ans plus tard. Les anciennes familles de pensée internes au PS se sont vite transformées en des regroupements de personnes autour d'éventuels champions. Les mitterrandistes se répartissent déjà entre deux héritiers, Laurent Fabius et Lionel Jospin. Michel Rocard cherche la revanche de la deuxième gauche sur François Mitterrand. Ces trois-là dominent le jeu, Jean Poperen et Jean-Pierre Chevènement incarnant chacun une aile plus à gauche.

En 1990 se tient le congrès de Rennes. Les ambitions des deux héritiers de François Mitterrand s'y affrontent au grand jour. Laurent Fabius et Lionel Jospin briguent la succession de leur mentor à l'Élysée. Leurs militants respectifs s'invectivent devant les caméras. Le plus rebelle des deux, Lionel Jospin, hésite à commettre l'irréparable en provoquant la défaite de Laurent Fabius, que l'Élysée soutient. Pour cela, il lui faudrait s'allier à Michel Rocard, le troisième homme fort du PS, que François Mitterrand a toujours méprisé. Le congrès s'achève dans l'incertitude, personne ne dispose de la majorité. Le tabou de l'alliance entre mitterrandistes et rocardiens pourrait être brisé par Lionel Jospin. Au lendemain de ces trois jours de querelles et psychodrames rennais, avec sa compagne, Ségolène Royal, François Hollande déjeune à l'Élysée avec le président. François Mitterrand n'apprécie pas du tout ces alliances et ces manœuvres destinées à opérer un « tout, sauf Fabius ». Il transmet à François Hollande un avertissement très clair pour Lionel Jospin, auquel il n'adresse plus la parole. Il menace de la bombe nucléaire, il n'hésiterait pas à réduire en miettes ces insolents. Faute d'une synthèse générale qui réintègre Fabius, « il sera mis fin aux fonctions de Michel Rocard et un nouveau gouvernement sera constitué, avec tous ceux qui combattent la direction qu'ils [les rebelles] sont tentés de constituer sans Laurent Fabius ». Quelques jours plus tard, Pierre Mauroy reste premier secrétaire, les intérêts de Laurent Fabius sont préservés. Le télégraphiste a été pris au sérieux.

François Hollande a retenu une autre leçon des affrontements entre grandes écuries du congrès de Rennes. Au Parti Socialiste, pour survivre, il faut un protecteur. Comme dans l'apprentissage de la foi, comme dans une vaste famille soumise aux violentes querelles des fratries, pour ne pas se faire marcher sur les pieds, il faut un parrain. François Hollande n'est pas en quête d'un père politique, auquel il s'identifierait ; il cherche un protecteur, qui le recommanderait et repousserait les assauts des éléphants, tout en lui offrant la possibilité de s'émanciper le moment venu.

Le jeune ambitieux avait déjà tenté de jouer une partition originale en 1984, mais son idée s'était révélée un peu courte. Avec quelques complices, Jean-Yves le Drian, Jean-Pierre Mignard et Jean-Michel Faillard, il avait créé une sorte de courant, qui refusait, précisément… les courants.

Les complices de François Hollande jugent Laurent Fabius trop libéral, Lionel Jospin trop rigide, et Michel Rocard pas assez rassembleur. Ils rêvent d'un PS organisé autour de trois courants de pensée : une droite social-démocrate qu'ils attribuent à Fabius, une gauche radicale pour Poperen et Chevènement, et une majorité social-démocrate dont ils se verraient bien les jeunes hérauts. Mais leurs aînés imposent leurs écuries. Les ambitieux décident, prudemment, de présenter leur union comme la famille, hétéroclite et donc inoffensive, de ceux qui rejettent les courants. Le grand avantage de cette structure tient au fait qu'elle ne les oblige à aucune vassalisation. La bonne idée est évidemment venue de François Hollande. Cet ambitieux-là est ravi de ne pas avoir à choisir parmi les éléphants. Il ménage son avenir, il n'est pas étiqueté. Il fait même parler de lui. Car la presse est sensible à cette démarche, elle rend compte de cette belle intention de jeunes socialistes de bonne volonté. Les « Transcourants » attirent les louanges médiatiques.

Mais les dignitaires du parti n'aiment pas beaucoup cette indécision. Surtout Lionel Jospin. Le patron du PS, c'est lui. Les Transcourants devraient savoir que l'attribution des investitures aux législatives s'opère au trébuchet de l'influence des courants. Si ces électrons libres transcourants continuent à perturber le bon fonctionnement du PS, il va leur faire comprendre que leur courant n'en est pas un. Faire parler de soi dans la presse est une chose, avoir son mot à dire au sein des instances du parti en est une autre. Faute de s'être comptés auprès des militants dans le cadre d'un congrès, faute de personnalité de poids reconnue dans leurs rangs, les Transcourants ne pèsent donc rien.

Les « Trans » comprennent qu'ils ont besoin d'une figure tutélaire. Ils ne veulent pas d'un patron qui les étouffe, leur tranquillité suppose l'autorité protectrice d'un socialiste pas trop envahissant. La personne idoine ne doit pas s'être précédemment investie dans les rivalités du PS ; elle ne doit pas être trop marquée politiquement en interne. Jacques Delors est l'homme qu'il leur faut. C'est encore François Hollande qui a fait jouer son carnet d'adresses. Il faisait partie des visiteurs du ministre des Finances, toujours avide d'idées nouvelles. François Hollande apprécie son ouverture d'esprit. Politiquement ? Il s'entend avec la deuxième gauche de Michel Rocard, tout en étant respecté par François Mitterrand. Auprès des militants, l'homme bénéficie d'une estime générale. Avec le président socialiste, il est le Français le plus investi dans la construction européenne, un dossier que veut maîtriser François Hollande. Jacques Delors présente enfin un avantage sans égal : en tant que président de la commission européenne, il vit à Bruxelles, loin de Paris. Il ne peut donc saturer l'espace médiatique et politique des « Trans ».

Jacques Delors est séduit par l'intelligence de François Hollande, sa modernité, et sa « capacité à dépasser le clivage » qui sied alors au PS, entre

« socialistes et socio-démocrates ». François Hollande estime la démarche politique de Jacques Delors, sa volonté de concilier les positions et de ne pas chercher sans cesse le rapport de force. La culture de la synthèse, du compromis qui règne au sein des instances de l'Union européenne l'attire.

L'association de ces jeunes responsables politiques en devenir et du sage de Bruxelles prend le nom de « Témoin ». François Hollande en est le porte-parole. Il y gagne le droit d'entrer à la direction du parti quand Henri Emmanuelli en devient le premier secrétaire[1].

Appuyé par François Mitterrand, Henri Emmanuelli est obsédé par un objectif : empêcher le parti de se diviser. Il veut absolument rassembler tous les enfants du patriarche. François Hollande, animateur d'un courant pacifiste, en fait partie. Alors que Lionel Jospin boude toujours cet insolent, qu'il prend pour quantité négligeable, et juge trop fuyant, Henri Emmanuelli l'accueille à bras ouverts. Le soutien de François Hollande lui est d'autant plus bénéfique que, bien qu'incarnant le courant le plus à gauche des mitterrandistes, le Landais est chargé de préparer le terrain pour la candidature présidentielle du social-démocrate Jacques Delors.

---

1. Après la lourde défaite des législatives de 1993, Michel Rocard avait accédé à la tête d'un PS exsangue. Mais on le sait, le fils mal aimé de François Mitterrand avait été rapidement débarqué après l'échec de sa liste aux européennes de 1994.

Le premier secrétaire réussit si bien ce grand écart que les sondages et la presse s'emballent, et suscitent un « phénomène Delors ». François Hollande, le porte-parole du Bruxellois, devient l'homme le plus courtisé du PS.

L'ambitieux se prend à rêver. Si Jacques Delors est élu président de la République, François Hollande s'imagine déjà au ministère des Finances. Voilà qui couronnerait une carrière bien menée ! Une belle stratégie, bien récompensée !

Mais Jacques Delors n'est pas encore élu président de la République, d'ailleurs, il n'est même pas candidat. L'indécis ne veut pas se lancer dans cette compétition. Il l'a assuré à plusieurs proches, dont François Hollande, dans le courant de l'été 1994. Mais son filleul ne peut pas croire à ce renoncement si près du but. Et puis, comment François Hollande pourrait-il construire son avenir sans Jacques Delors ? Si l'homme de Bruxelles s'abstient, François Hollande se retrouve sans titre, sans mandat, sans carte de visite. Il n'est même pas député, il a été battu en 1993 ; il n'est même pas maire, mais simple conseiller municipal d'opposition à Tulle. Son seul titre de gloire, pour l'instant, c'est « lieutenant de Jacques Delors ». Sans Jacques Delors, il s'efface de l'échiquier.

Alors, pour ne pas disparaître, François Hollande entretient le suspense sur cette candidature. Tant que l'hypothèse Delors n'est pas exclue, son porte-voix est sollicité par les médias, il est consulté par les camarades prévoyants quant à leur carrière. Mais François Hollande se prend à son propre jeu. À force d'alimenter cette hypothèse, il finit par se convaincre lui-même. Quand Jacques Delors renonce, il s'effondre. Pendant quelques heures.

La détresse profonde ne dure pas très longtemps, François Hollande se demande aussitôt comment rebondir. Dès le mercredi suivant ce sinistre dimanche de l'abandon de Delors, dans les couloirs du PS, un de ses amis lui offre une lueur d'espoir. Stéphane Le Foll lui livre une information qui va relancer le destin politique de François Hollande. Stéphane Le Foll est considéré comme un obscur permanent du parti, un apparatchik jospiniste spécialiste des questions agricoles. Mais François Hollande ne s'est pas contenté de cette caricature malveillante. Il a séduit Stéphane Le Foll. Comme lui – ce que tout le monde ignore alors –, le permanent est un fin connaisseur de la carte électorale. Ils en discutent pendant des heures. Sous l'abord carré et brutal, parfois emporté, se cache un militant sincère, un provincial comme lui. Plus encore que François Hollande, le Sarthois refuse les codes parisiens. Ces affinités leur ont permis de tisser une relation amicale solide. Aujourd'hui encore, la phrase qui caractérise le mieux l'amitié des deux hommes se révèle dans cette formule à l'humour brutal du Manceau : « Je suis con, moi ! Je le suivrai toujours ! » En termes militaires, on dirait que

Stéphane Le Foll se ferait tuer pour François Hollande.

En ce mercredi 14 décembre 1994 donc, Stéphane Le Foll livre à François Hollande une information en or : Lionel Jospin se prépare à être candidat à la présidentielle. Le futur Premier ministre ne l'annoncera, à la surprise générale, que le 4 janvier suivant. Les militants devront choisir entre l'ancien ministre de l'Éducation, qui a dirigé le parti de 1981 à 1988, et leur premier secrétaire Henri Emmanuelli.

En faisant partie des rares informés des intentions jospinistes, François Hollande peut commencer ses manœuvres de séduction auprès du futur patron des socialistes. Officiellement, entre Henri Emmanuelli et Lionel Jospin, il ne choisit pas. D'un côté son intérêt politique le conduit à miser sur celui qu'il imagine vainqueur, de l'autre il ne veut pas se montrer déloyal envers Henri Emmanuelli, qui l'a nommé à la direction du parti.

Quand Lionel Jospin l'emporte, François Hollande a su gentiment se placer dans son champ de vision, il en sera récompensé.

Dans l'équipe de campagne du candidat, François Hollande se retrouve chargé des questions de… justice ! Toujours méfiant vis-à-vis de cet insolent qui a refusé de rentrer dans le rang des courants, Lionel Jospin le met à l'épreuve. François Hollande a bien compris le rite initiatique, il joue profil bas, ne sort pas de son domaine, et limite drastiquement ses « off » aux journalistes, car il sait que Lionel n'aime pas les bavards. Il redouble de bonne humeur, sa capacité de séduction décuple auprès d'un tout proche du nouveau patron, Claude Allègre. Sa patience est récompensée : quelques mois plus tard, le géologue et Daniel Vaillant parviennent à convaincre Lionel Jospin de nommer François Hollande porte-parole du parti.

Les deux hommes entament une longue histoire de complicité politique et intellectuelle. François Hollande décrypte parfaitement la pensée jospinienne. Tous les lundis matin, sa mission consiste à réagir aux questions d'actualité, poser les jalons de la semaine à venir, et trouver des reparties saillantes aux attaques de la droite. François Hollande soumet ses intentions au patron, le boss s'avère sourcilleux, il se montre attentif à la précision des mots. François Hollande le comble, il se trompe rarement, et en plus il le fait rire.

Quand Lionel Jospin accède à Matignon en 1997, François Hollande est devenu l'un de ses proches. Un maillon indispensable de l'équipe jospinienne. Le Premier ministre le désigne au poste de premier secrétaire, pour lequel il veut une personnalité sûre, qui ne provoque aucune vague vis-à-vis des autres éléphants ; la neutralité des transcourants finit par porter ses fruits. Certes, François Hollande aurait sans doute préféré entrer au gouvernement, mais Lionel Jospin ne lui laisse pas vraiment le choix. Il s'efforcera de tirer profit de cette fonction qui lui permet de se faire apprécier des militants, sans compter que le Premier ministre est décidé à l'impliquer dans le travail gouvernemental.

Ancien premier secrétaire, adoubé par François Mitterrand désigné candidat en 1981, Lionel Jospin connaît tout de la mission. Son importance politique, pour entretenir les rouages du moteur majoritaire, tout autant que l'ingratitude de la tâche. Mais il ne tient pas François Hollande à l'écart du pouvoir, au contraire, il l'y associe étroitement. François Hollande n'ignore rien de la vie interne du gouvernement et de Matignon, d'autant plus que son ami Jean-Pierre Jouyet occupe la fonction de directeur de cabinet adjoint. Mais Lionel Jospin ne sait pas que ces deux-là sont de vieux complices.

François Hollande inspire beaucoup la conduite de la majorité plurielle, mais dans l'ombre. Il se contente de cette influence discrète, il ne se vante pas de ses succès. La baisse de la TVA a été arbitrée en sa faveur, contre Dominique Strauss-Kahn. Il n'en dit mot. Ses préventions contre la réforme des retraites, que les électeurs du PS ne supporteraient pas, en fin de législature, emportent l'avis de Lionel Jospin. François Hollande ne le revendique pas.

François Hollande préfère être sous-estimé. Il n'aurait pas été nommé ministre du fait que sa compagne, Ségolène Royal, siégeait déjà à la table du Conseil ? François Hollande laisse dire. Il compte bien rejoindre l'équipe gouvernementale plus tard.

Le grand remaniement a lieu en mars 2000. Mais François Hollande n'en est toujours pas ! Peut-être parce qu'il a un peu forcé la main de Lionel Jospin pour sacrifier son vieil ami Claude Allègre[1]. Lionel Jospin en a-t-il tenu rigueur à François Hollande ? Peut-être, mais il faut dire qu'il éprouvait également des difficultés à lui trouver un remplaçant rue de Solférino.

La lassitude gagne le chef du gouvernement. La cohabitation et ses perpétuels accrocs avec Jacques Chirac l'éreintent. Lionel Jospin se renferme sur ses habitudes, sur ses certitudes. François Hollande sent bien que le Premier ministre lui échappe. Il essaie de l'alerter sur l'épuisement de la gauche plurielle, car les relations se distendent de plus en plus avec les Verts et les communistes. Le Premier ministre ne l'entend pas. Lors de la composition de ce gouvernement de mi-mandat, en 2000, François Hollande le met en garde contre le retour des éléphants. Lionel Jospin passe outre les conseils du premier secrétaire, il nomme des valeurs sûres ; en plus de Laurent Fabius et Jack Lang, les nouvelles recrues se prévalent toutes d'un petit passé

---

1. Le ministre de l'Éducation avait provoqué des ravages chez les enseignants. Un électorat auquel le premier secrétaire était très sensible. Claude Allègre en a longtemps voulu à son ancien protégé.

ministériel. Lionel Jospin n'ose plus prendre de risques.

François Hollande devine que le Premier ministre se replie sur ses arrières et ne cherche pas à renouveler sa stratégie politique. Il se laisse amollir par le confort de l'hôtel Matignon. Il s'y est installé à plein temps, avec son épouse, le lieu est tellement pratique.

L'isolement du pouvoir, cette inéluctable machine à endormir la vigilance des gouvernants fait son œuvre. François Hollande le pressent, mais il constate son impuissance. Pourtant, la présidentielle se profile, et François Hollande a retenu la leçon de Jacques Delors : il n'entend pas lier son sort à celui de son mentor. Il ne croit pas à la défaite, mais il se veut prudent. Si Jospin chute, il ne doit pas être entraîné avec lui. Finalement, la fonction de premier secrétaire présente certains avantages. Son détenteur sera aux avant-postes pour maîtriser la suite.

La campagne de 2002 dépasse toutes ses craintes. Lionel Jospin ne parvient pas à s'extraire de Matignon, François Hollande a perdu le contact avec le candidat. Il se sent tenu à l'écart. Il peste en silence, puis il finit par exploser, à quelques jours du premier tour. Il livre le fond de sa pensée à un Lionel Jospin pantois qui, après réflexion, lui confie la direction du second tour. Mais il est trop tard, il n'y aura pas de second tour.

Le soir du « coup de tonnerre » du 21 avril, Lionel Jospin annonce qu'il se retire de la vie politique ; le premier secrétaire doit reprendre le flambeau.

Son mentor est mort mais lui, François Hollande, premier secrétaire d'un PS à nouveau exsangue, bouge encore.

Le gentil filleul s'est émancipé, il a repris sa liberté.

5

LA LIBERTÉ DU GENTIL

François Hollande revendique sa pudeur ; l'homme se livre très peu. Même ses condisciples de l'ENA avouent avoir rarement évoqué son enfance avec lui. Sans doute parce que cette période constitue la part la plus intime de lui-même ; sans doute aussi veut-il marquer son respect envers sa famille. François Hollande est très attaché à la liberté individuelle de chacun, il utilise souvent ce mot, « liberté », pour qualifier un choix ou un moment de la vie privée. La liberté de l'individu constitue une notion importante de son engagement.

Le rôle de la politique n'est pas de faire le bonheur des individus « à leur place », ce qui relève du « totalitarisme », son « objectif doit être de bien faire pour le bien-être[1] », assurait-il en 2002. Pour lui, « il doit exister pour chacun un droit au

---

1. Jean-Yves Boulic, *Ceux qui croient au ciel et ceux qui n'y croient pas,* *op. cit.*

bonheur, non pas le bonheur personnel qui relève de la sensibilité individuelle, mais un bonheur collectif qui vise à créer les conditions d'un épanouissement, d'une promotion, d'une liberté qui profite à tous ».

Sa philosophie ne relève pas du collectivisme marxiste ; François Hollande place l'individu au centre de son projet. Fidèle aux idéaux de Jaurès, il n'envisage pas de sacrifier l'individu au collectif ; au contraire, la communauté sert l'individu. Mais l'homme ne demeure pas seul et solitaire, il s'épanouit personnellement dans une société dont il est acteur, et qui le protège.

L'ancien premier secrétaire l'admet aujourd'hui[1], la présidentielle de 2007 ne correspondait pas à « son moment ». Sa vision d'une liberté individuelle partie prenante d'une aspiration commune ne répondait pas à l'attente du pays. La crise n'était pas si profonde, chaque Français croyait « pouvoir se débrouiller tout seul », analyse le candidat, « Nicolas Sarkozy développait ce thème », dont l'inspiration se résumait dans le slogan « travailler plus pour gagner plus ». En poursuivant la logique du raisonnement, on pouvait opposer ceux qui aspiraient à travailler plus pour s'en sortir seuls à ceux qui refusaient cet effort, et acceptaient de rester à un niveau modeste mais acceptable.

Mais la gravité de la crise a modifié ce climat, explique François Hollande : « C'est tellement dur

____

1. Entretien avec l'auteur.

que pour se débrouiller, y compris sur le plan personnel, il faut s'en sortir collectivement. » Le responsable socialiste n'abandonne pas la notion de liberté personnelle, l'individu ne « disparaît pas », mais il s'implique dans « des règles communes, en sachant ce qui est possible et ce qui ne l'est pas, ce qui est juste et ce qui ne l'est pas ». Cette certitude d'une France juste et équitable s'incarne dans une espérance commune, qui conforte et protège l'individu dans la communauté.

Cette promotion de la liberté personnelle dans le collectif va de pair avec le respect de chacun, par tous.

« Nous avons une obligation collective de respecter l'intime de chacun [...] Ce qu'il y a de plus sacré chez chacun, c'est son enfance, et l'enfant qui vit encore sous le masque de l'adulte[1] », confiait-il il y a quelques années. Il ne juge donc jamais les décisions personnelles, car elles relèvent de cette liberté qui, à ses yeux, semble-t-il, résonne de l'innocence de l'enfant.

Quand Lionel Jospin admet, après plusieurs dénégations, qu'il avait bien adhéré au mouvement trotskiste de Pierre Lambert lorsqu'il était plus jeune, François Hollande ne s'offusque pas de ce passé gauchiste, que lui-même a pourtant vivement rejeté. « C'était sa liberté », justifie l'ancien premier secrétaire.

---

1. Jean-Yves Boulic, *Ceux qui croient au ciel et ceux qui n'y croient pas*, *op. cit.*

Ses amis s'accordent également pour affirmer qu'il ne dénigre jamais autrui. Le responsable socialiste conteste des attitudes stratégiques, il désavoue des postures politiciennes, il s'oppose à des idéologies, à des comportements qu'il considère contraires à la morale, ou contradictoires avec une fonction électorale ; mais il n'accuse jamais une démarche privée.

La ligne de conduite fut délicate à tenir pour le compagnon de Ségolène Royal qui elle, ne rechignait pas à évoquer sa vie privée. La ministre de l'Environnement avait médiatisé la naissance de sa dernière fille, en estimant que sa gestion de la maternité, dans son parcours professionnel, avait valeur d'exemple. Son conjoint est parvenu à respecter les choix de sa compagne, sans renier les siens. Ségolène Royal s'exposait en tant que moitié de François Hollande qui, lui, se protégeait. Le principe était admis par les journalistes.

L'homme public a rarement poursuivi la presse, y compris quand sa séparation d'avec la mère de ses enfants était interprétée publiquement. Il sait que cette procédure équivaut, paradoxalement, à honorer d'une notoriété avantageuse des récits qui ne le méritent pas. Il s'y est résolu une fois, en septembre 2007, quand un hebdomadaire a publié des photos non autorisées de lui et de sa nouvelle compagne. L'annonce de cette plainte intervenait à un tournant de sa vie : l'ex-conjoint de la médiatique Ségolène Royal prévenait les journaux qu'il entendait absolument se soustraire aux requêtes de la « peopolisation » des politiques.

À l'automne 2011, François Hollande a rompu avec ce principe du secret de la vie privée ; le candidat à la primaire socialiste a pris conscience du devoir d'en dire un peu plus sur lui-même avant de solliciter l'onction des Français pour le poste suprême. Il a répondu à son biographe Serge Raffy en lui confiant une blessure d'enfance jusque-là tenue privée[1].

Il avait plusieurs fois décrit son père, médecin ORL, qui s'était intéressé à l'avocat Jean-Louis Tixier-Vignancour, et s'était même présenté sur une liste extrême droite aux élections municipales de 1959 à Rouen ; ce que François Hollande n'avait pas exposé aux regards, c'est la forte autorité, voire l'autoritarisme de son père. Il était bien plus disert sur la gaieté et la générosité de sa mère, très attentive au parcours de François Mitterrand. À l'automne 2011, François Hollande, connu pour sa bonne humeur et sa jovialité, avoue qu'il a été secoué par la décision, brutale, de son père de déménager toute la famille à Paris en 1968. Non seulement François, âgé de treize ans, ne comprenait pas la motivation de ce départ, mais surtout le déroulement de ce déménagement l'a marqué profondément. La précipitation est telle que le père fait les cartons, et envoie directement à la poubelle les objets les plus

---

1. Serge Raffy, *François Hollande, itinéraire secret, op. cit.*

précieux de ses enfants ! Les disques de jazz et de rock du frère aîné, la collection de voitures Dinky Toys et les soldats de plomb du cadet disparaissent. Plus de quarante ans après, pour des parents désormais abreuvés de conseils en psychologie, le traumatisme subi par le garçon est aisément concevable. Sa mère, respectueuse de ses rites enfantins, prenait soin de ne pas déranger l'agencement des figurines donnant vie aux récits imaginaires de son fils. Son père avait escamoté ses confidents sans aucun égard, sans aucun respect. Ses amis assurent percevoir son émotion, encore aujourd'hui, quand il évoque ces collections perdues.

Quel sens donne-t-il à ce préjudice[1] ? François Hollande ne s'étend pas sur sa peine d'alors, mais le politique souligne l'importance des rites, des lieux, des objets, des gens qui construisent un parcours personnel et une histoire commune. Il parle de lui-même, mais le propos conviendrait tout autant à la définition d'une communauté nationale, où chaque diversité doit être reconnue. Le fils se refuse donc à blâmer le père ; ils sont différents. Il s'interroge : peut-être son père voulait-il rompre avec des lieux, des souvenirs, pour établir sa propre « liberté » ? Le mot revient à nouveau, comme si pour François Hollande, chercher son destin signifiait bâtir sa liberté, un bonheur que chacun invente à sa façon, sans que quiconque puisse y trouver à redire.

---

1. Entretien avec l'auteur.

Cette mansuétude vis-à-vis du geste paternel correspond-elle au recul autorisé par les années, ou relève-t-elle plutôt d'une forme de gentillesse qui consiste, si ce n'est à pardonner, du moins à essayer de comprendre autrui ? Le propos de François Hollande ne donne prise à aucune interprétation. Cela fait partie du caractère du personnage, il avoue une blessure d'enfance mais il tait ses conséquences négatives, préservant ainsi ses pensées intimes et… son éternelle liberté.

Cette attitude, disciplinée et raisonnable, constitue un élément de caractère spécifique à François Hollande. L'homme ne se met jamais publiquement en colère. Son ton est toujours maîtrisé ; quand il force le trait, c'est à travers une saillie humoristique, qui n'autorise pas de surenchère.

L'élève du collège Saint-Baptiste-De-La-Salle à Rouen avait rapidement appris les bienfaits de la docilité. « J'ai compris très vite que je serais plus libre en étant sage », explique-t-il, en revenant devant sa maison natale plus de quarante ans plus tard[1].

Désormais responsable politique, François Hollande agit selon la même méthode. Nous l'avons vu précédemment, quand Lionel Jospin le nomme secrétaire national à la Justice, il se fond dans le moule jospiniste. Il tait ses pensées intimes, et devient peu de temps après un porte-parole assez autonome.

---

1. *Gala*, octobre 2011.

Plus tard, au début de l'année 2006, quand il espère encore pouvoir concourir à la présidentielle, un quotidien révèle que ses amis ont organisé un dîner, sans lui, autour de Lionel Jospin. L'ancien Premier ministre envisage de se présenter contre Ségolène Royal. Au lieu de se vexer, de demander des explications à ses amis, François Hollande relativise la portée politique des agapes. « Mais vous êtes *libres* de dîner entre amis… Je comprends, c'est la presse qui en fait des tonnes », dit-il gentiment à ceux qui l'appellent au téléphone, en se tortillant sur leur siège, conscients d'avoir commis un geste blessant.

« Je peux me défendre contre la méchanceté, mais je ne peux pas me défendre contre la gentillesse », assure l'adage édicté par l'humoriste Francis Blanche. Du collège à la candidature à l'Élysée, François Hollande applique toujours la même maxime. La gentillesse est une liberté.

6

L'ENGAGEMENT RAISONNABLE

François Hollande a été élevé dans la religion catholique, mais il ne croit plus en Dieu depuis longtemps ; il s'en est expliqué en 2002, lors d'un très bel entretien accordé à Jean-Yves Boulic[1]. La lecture de cette interview livre des éléments étonnants sur les origines de l'engagement du candidat socialiste à l'élection présidentielle. Le petit François s'était forgé une interprétation très personnelle des Évangiles ; tout en reconnaissant qu'à l'époque, il « n'en mesurait pas toute la portée », il se souvient que ce qui « l'éblouissait, c'était la grande tolérance de Jésus et le fait qu'il réhabilitait le pécheur, le pauvre, la femme adultère, prenant parti contre les glorieux, les puissants, les profiteurs, les maîtres... »

Aux yeux de l'enfant, Jésus incarne une gentillesse exemplaire, opposée aux « puissants » qu'il

____

1. Jean-Yves Boulic, *Ceux qui croient au ciel, et ceux qui n'y croient pas, op. cit.*

assimile à des « glorieux » et des « profiteurs ». Comment ne pas percevoir, dans cette interprétation des enseignements du Fils de Dieu, une lecture politique de la Bible qui imprègne le cheminement de François Hollande ? Sans établir formellement ce lien, le leader socialiste le reconnaît lui-même[1] : « Ce qui a justifié mon engagement, c'est le refus de la confiscation par la droite d'un pouvoir qu'elle exerçait sans partage. » François Hollande utilise régulièrement cette expression, « sans partage », pour qualifier le comportement du camp d'en face. Le choix de ce vocabulaire traduit son aversion à l'égard de ces agissements ; il réprouve l'attitude de ce groupe d'un point de vue moral, sans doute hérité de sa culture religieuse. Il ne se montre pas sectaire vis-à-vis des personnes, mais à l'égard de certains comportements d'une classe sociale arc-boutée, à ses yeux égoïstement et irrémédiablement, sur le maintien de ses privilèges. Cette conviction le conduit, plus tard, à rejeter Valéry Giscard d'Estaing. Quand l'un de ses amis de lycée s'enthousiasme pour la simplicité et le modernisme incarnés par VGE, François Hollande le décourage, il est persuadé que Giscard « restera prisonnier de sa caste ».

Mais l'origine de la conscience de gauche de François Hollande ne trouve pas uniquement sa source dans les Évangiles. Le petit garçon a été

---

1. François Hollande, *Devoirs de vérité*, dialogue avec Edwy Plenel, *op. cit.*

éduqué par une maman débordante de gentillesse et de générosité. Nicole Hollande est assistante sociale de profession. Cette catholique non pratiquante discute beaucoup avec ses enfants et François, le cadet, s'intéresse particulièrement aux questions politiques et électorales. Sans doute aussi parce que le père s'y implique également, mais sur la droite de l'échiquier. La maman de François Hollande se tient informée de la vie sociale du pays, elle relie cette actualité aux difficultés concrètes des familles qu'elle rencontre dans son métier. Elle raconte à François les cas qui la préoccupent, elle lui fait le récit de conflits sociaux, et puis, en 1965, la mère et le fils se passionnent pour la candidature de François Mitterrand au scrutin présidentiel. Le futur premier secrétaire du PS n'a que onze ans, mais il fait une découverte d'importance : lui qui a grandi sous la primauté du général de Gaulle se rend compte que cette prééminence peut être contestée dans les urnes. François Mitterrand devient un personnage intéressant, dont François Hollande surveillera attentivement le parcours ; mais son cheminement vers le Parti Socialiste prendra le temps de la maturation.

François Hollande est déjà très rationnel. Sa compréhension des antagonismes entre corps sociaux aurait pu le conduire à adhérer à la théorie marxiste de la lutte des classes, mais cet étudiant raisonnable ne croit pas à la révolution, il préfère le changement obtenu par une majorité de citoyens dans les urnes. François Mitterrand offre une possibilité électorale, il soulève une attente, mais le jeune Hollande veut réfléchir et explorer tout l'éventail politique de la gauche avant de choisir le lieu de son implication. Car après l'espoir levé en 1965 arrive Mai 1968 et la révolte d'une jeunesse avide de libertés et d'aventures révolutionnaires. Mais l'adolescent rouennais ne partage pas la même vision romantique et idéaliste de ce printemps-là. En 1968, François Hollande se souvient avoir « surtout vu des ouvriers défiler, plus que des étudiants[1] », et sa mère, par sa profession et son engagement à la CFDT, lui narre sans doute mieux le ras-le-bol des salariés que la contestation des étudiants.

Plus tard, le lycéen, indigné par l'injustice sociale, analyse ces événements passés. Il sent bien les promesses de changement portées par ces revendications, mais il estime que les acteurs juvéniles de Mai 1968 ne choisissent pas les bons moyens. François Hollande croit d'autant moins à la finalité révolutionnaire de 1968, qu'à ses yeux, au bout du compte, le mouvement de mai s'achève en France par la victoire de la majorité gaulliste. Le futur responsable socialiste en conclut que « le gauchisme n'est pas la solution ».

Son arrivée au lycée Pasteur, dans la ville très huppée de Neuilly, l'a aidé à forger ses analyses. Pour la première fois de sa vie, le Rouennais est

---

1. Entretien avec l'auteur .

confronté à des milieux sociaux et des fortunes qu'il n'avait jamais côtoyées. Le provincial ne se sent pas rejeté, son humour ouvre toutes les portes, mais il se trouve placé devant un monde nouveau, qu'il décide d'investir. Les parents de ses camarades sont souvent hauts fonctionnaires, professeurs à Sciences-Po, ou très proches de responsables partisans ; il s'efforce de les rencontrer et de profiter de leur expérience. En classe de seconde, en 1969, la mère de l'une de ses amies exerce la profession de journaliste, et connaît bien les socialistes, notamment François Mitterrand et Charles Hernu. À ce lycéen en quête d'engagement, elle confirme que François Mitterrand est le plus prometteur. Le fondateur de la FGDS (la Fédération de la Gauche Démocratique et Socialiste) a beau apparaître bien esseulé à l'Assemblée, où il est tenu à distance par la SFIO, elle estime qu'il peut construire « quelque chose » d'intéressant. Avec curiosité, François Hollande s'abonne à *L'Unité*, l'hebdomadaire socialiste, sans être véritablement conquis.

Avec méthode, et se montrant fidèle à la démarche qu'il fera sienne au long de sa carrière, le jeune Hollande explore toutes les pistes. Il demande même à un ami anarchiste de l'emmener à une réunion près de la place Clichy à Paris ; François demeure circonspect. Il apprendra plus tard que le petit groupe était manipulé par les trotskistes de l'OCI. En septembre 1969, le futur premier secrétaire découvre la Fête de l'Huma ;

mais le discours de Jacques Duclos, candidat à la présidentielle cette année-là, ne lui convient pas, il n'est pas collectiviste, il en conclut qu'il n'est pas communiste. Pourtant, il se sent proche de cette famille politique, mais cette sympathie concerne les militants, pas les dirigeants de la place du Colonel-Fabien.

Il participe à toutes les grèves, et observe l'organisation de différentes formations partisanes. Les gauchistes lui paraissent confus ; ils protestent et critiquent beaucoup, mais François Hollande est sensible à l'idée selon laquelle ils constituent des « alliés objectifs du pouvoir », puisqu'ils cherchent à faire prospérer leurs idéaux dans l'opposition, avant de faire la révolution. Les militants communistes lui semblent plus sincères ; à l'époque, le PCF est une force très structurée qui pèse 20 % aux élections. François Hollande distribue même *L'Humanité* au lycée de Neuilly, mais uniquement, dit-il, « parce qu'il n'y a rien d'autre à gauche ». En 1971, au moment de passer son baccalauréat, François Hollande se situe résolument de ce côté de l'échiquier, mais il n'a toujours pas trouvé la formation correspondant à ses ambitions. Avec rationalité, il a évalué les grands courants qui animent la gauche d'alors ; il pense qu'il n'est pas communiste, sans pour autant se définir comme un anticommuniste. En revanche, il s'assume anti-gauchiste. Car il faut saisir la subtilité de la démarche du jeune Hollande à l'époque : sa quête vise moins à se construire une idéologie qu'à choisir le moyen le plus efficace pour porter la gauche au pouvoir et rendre plus juste la société française. Cette conviction le conduit même à négliger Michel Rocard : « Pour moi, il n'avait aucun intérêt, il venait du gauchisme » ; et par conséquent, le leader du PSU rejetait les communistes. Or, pour François Hollande, dont la conscience politique s'est éveillée, répétons-le, par les récits de sa mère qui soulageait les ouvriers, sans doute affiliés à la CGT, le PCF ne doit pas être rejeté. François Hollande craint la dérive de la deuxième gauche de Michel Rocard vers le centre, c'est-à-dire vers Valéry Giscard d'Estaing qui, on le sait, pour lui, restera arrimé aux privilèges de sa « caste ». Le parti de Georges Marchais ne suscite pas son adhésion, mais il présente l'avantage d'être populaire et bien structuré. Au début des années 1970, François Hollande estime qu'il faut « réduire le PC, mais pas trop l'affaiblir ». La stratégie de François Mitterrand lui paraît donc la meilleure. Il suit passionnément la campagne présidentielle de 1974, mais il ne rejoint pas le parti fondé en 1971 par le futur président de la République pour autant. Comme sa mère, le premier engagement politique de François Hollande passe par le syndicalisme. Il dirige l'Unef de tendance communiste à Sciences-Po, puis fonde son propre mouvement à l'ENA. Il prend sa carte au Parti Socialiste en 1979, deux ans avant l'élection de François Mitterrand. Pragmatique, François Hollande a choisi celui qu'il croit promis à la victoire. Son adhésion au parti du futur président de la République est dictée par la recherche de l'efficacité, il n'est pas le fruit de l'éblouissement ; François Hollande est bien trop rationnel pour vénérer quiconque.

7

LES JOIES DE L'IMPÔT

Sur le plateau de France 2, où il est opposé à Michèle Alliot-Marie en juin 2006, François Hollande pince les lèvres. Visiblement la ministre de la Défense l'agace. Il ne parvient pas à enrayer la diatribe que l'ancienne présidente du RPR développe face à lui, l'index accusateur pointé contre le premier secrétaire.

— Nous avons besoin des classes moyennes ! Nous avons besoin de les encourager ! Nous avons besoin d'aider ceux qui le matin font des efforts…, s'enflamme Michèle Alliot-Marie.

— Aidez les plus modestes ! parvient à glisser François Hollande.

— … ceux qui ont besoin d'aider leurs enfants ! Et qui n'ont pas pu le faire, car ce sont eux qui ont le plus pâti de toutes les hausses d'impôts que vous avez faites ! Vous avez une vision très particulière de la France, monsieur Hollande…

— Oui ! Je n'aime pas les riches !

Le propos est calme, profond, d'ailleurs François Hollande le répète spontanément :

— Je n'aime pas les riches, j'en conviens.

François Hollande vient de révéler un tout nouveau visage, très inattendu. En juin 2006, il est premier secrétaire et compagnon de Ségolène Royal, dont la popularité insolente nargue les éminences socialistes telles que Lionel Jospin, Dominique Strauss-Kahn, Laurent Fabius. Ces ténors espéraient être candidats à la présidentielle, mais la Madone des médias a convaincu – selon les sondages – qu'elle parviendrait mieux à battre Nicolas Sarkozy. Vexés d'être relégués au second plan, ils s'en prennent à François Hollande, celui qui, en tant que patron du parti et conjoint de la dame, aurait dû stopper les ardeurs de la candidate. François Hollande est décrit comme trop mou, trop faible, trop gentil en un mot. « Il ne tient même pas sa femme », ricanent les plus machistes.

Et voilà que d'une simple phrase, « je n'aime pas les riches », François Hollande apparaît sous les traits d'un méchant, empli de rancœur envers les riches, auxquels il veut faire rendre gorge, en leur assenant davantage d'impôts. Lui qui passait pour un socialiste modéré parle comme les gauchistes qui prétendent « faire payer les riches » ! Le pire est que dans l'expression « je n'aime pas », il y a un engagement plus personnel encore, qui a jailli comme un cri du cœur.

Il ne se défera jamais vraiment de cette mauvaise image, car il a eu du mal à démentir une formule qui sonnait si juste dans sa bouche.

« Les riches ont le droit d'être riches », protestera faiblement François Hollande en ajoutant : « Comme d'autres n'ont pas le droit d'être pauvres. » Comment pourrait-il faire comprendre que son aversion ne concerne pas les individus, mais un système qui redonne trop aux riches et pas assez aux pauvres ? Car pour bien appréhender le point de vue de François Hollande, il faut l'imaginer dans une posture de Robin des Bois. La logique de François Hollande est comparable à celle de cette figure légendaire ; mais comme il n'est pas brigand, mais énarque et diplômé d'HEC, la redistribution des richesses passe par l'impôt. François Hollande est un Robin des Bois fiscaliste.

L'impôt l'inspire, la fiscalité le passionne.

Il faut l'entendre s'enthousiasmer en expliquant le rôle de l'impôt dans l'organisation de la société. C'est la fin d'un déjeuner avec quelques journalistes, au début des années 1990, à La Rochelle. Le président du club Témoin n'est pas encore un ténor du PS, Jacques Delors n'est pas encore le candidat espéré par les socialistes à la présidentielle. Dans le milieu journalistique, François Hollande est alors considéré comme un bon analyste de la vie politique. Alors que tous les dossiers d'actualité ont été méthodiquement passés en revue au cours du déjeuner par le responsable politique, quelques confrères prennent congé. Les deux ou trois qui restent commandent un second café, le moment est détendu, au dessert le député de Corrèze s'est régalé d'un gâteau au chocolat. Qui a lancé le sujet ? Impossible à dire. La question était banale. Une question de fin de repas, sans arrière-pensée. Et voilà François Hollande qui s'emballe : « Ah ! l'impôt, cela dit tout d'une société ! C'est passionnant, l'impôt ! Ce n'est pas une façon de punir les riches. Le devoir de contribuer à l'effort national s'impose à eux comme aux autres. L'impôt permet de redistribuer le capital, en étant plus juste et en soutenant l'efficacité économique. » Plusieurs dizaines d'années plus tard, en octobre 2010 à Périgueux, le futur candidat à la présidentielle n'a pas changé d'avis : « Dis-moi quels sont tes impôts, je te dirai dans quel pays tu vis[1]. »

À l'entendre, une nation se dévoile à travers son système fiscal. Son organisation de l'impôt est-elle progressiste, c'est-à-dire tournée vers un avenir meilleur ? ou conservatrice, c'est-à-dire cherchant à garantir et pérenniser un ordre social jugé satisfaisant ? L'impôt traite-t-il les anciens avec considération en favorisant leur qualité de vie ? Néglige-t-il la jeunesse ou bien lui donne-t-il les moyens de bien se lancer dans la vie ? Pour François Hollande, un pays choisit ses impôts en fonction de sa propre morale. Et la morale de François Hollande n'aime

---

1. Discours à Périgueux, le 17 octobre 2010.

pas les héritiers, et encore moins les bénéficiaires de fortunes importantes. N'y voyez pas de la méchanceté ou de la jalousie, à ses yeux, c'est une question de valeurs. Pour expliquer ce principe, il cite volontiers la phrase de Paul Doumer : « Dans la République, il vaut mieux mériter qu'hériter[1]. » François Hollande trouve normal que « le mérite, le talent, l'effort » soient récompensés par la réussite. En revanche, « la richesse insolente, le cynisme de la rente, la morgue des puissants, la fortune transmise par l'héritage », tout cela le heurte, tout cela le choque. C'est même l'une des raisons de son engagement politique : redistribuer plus justement la richesse, en primant le mérite, en aidant les malchanceux, et en obligeant les plus fortunés à faire preuve de solidarité.

Il était donc tout à fait logique que le jeune député de Corrèze, élu en 1988, se lance dans un gros travail visant à réformer la fiscalité du patrimoine, dans le cadre d'une mission d'information parlementaire. François Hollande est considéré comme le principal auteur du rapport qu'il présente le 6 juin 1990.

En relisant ce texte aujourd'hui, on s'aperçoit que le député avait alors les mêmes marottes que le candidat de 2012.

En 1990, François Hollande prenait pour cible l'héritage. « Il demeure la clé majeure de la reproduction des inégalités. 10 % des successions transmises

---

1. François Hollande, *Le Rêve français*, éd. Privat, 2011.

représentent plus de la moitié du patrimoine transmis, illustrant ainsi l'immobilité intergénérationnelle des fortunes », dénonçait le rapporteur socialiste. Cela signifie tout bonnement que les riches héritent des riches, que l'argent va à l'argent, et s'y reproduit. Le système était figé, les enfants de riches resteraient riches, et les enfants des pauvres resteraient pauvres. La solution préconisée par François Hollande était toute simple : les taxes fiscales offrent la possibilité de corriger ce déséquilibre, et de mettre un terme à l'éternelle reproduction de cet engrenage injuste qui prive d'espoir les plus faibles. Dans l'esprit du rapporteur de 1990, il ne s'agissait pas d'alourdir les taxes sur toutes les successions, mais uniquement sur les plus importantes, celles qui, par leur extrême concentration, empêchent l'argent de circuler.

L'une des raisons de cet immobilisme de l'argent qui dort tient aussi à l'âge des héritiers, remarquait le rapporteur : « Les cinquante-cinquante-neuf ans possèdent la majorité du patrimoine et ce sont ceux qui reçoivent la part la plus importante des biens transmis. » Aujourd'hui, le phénomène s'est accentué, cette focalisation sur une classe d'âge déjà bien pourvue constitue un facteur aggravant d'inégalités, et le candidat peaufine sa formule : « Actuellement, c'est le troisième âge qui hérite du quatrième. Il faut changer notre fiscalité : ceux qu'il faut aider, ce sont les jeunes qui s'installent dans la vie[1]. »

---

1. Entretien avec l'auteur.

François Hollande est très soucieux des difficultés des jeunes qui, après plusieurs années d'études, ont non seulement du mal à trouver un emploi mais ne perçoivent pas un salaire suffisant pour dénicher un logement correspondant à leur désir de « s'installer ».

En 1990, l'objectif de François Hollande ne se résume pas à la volonté de « faire payer les riches », le jeune député nourrit également l'ambition d'améliorer le fonctionnement de l'économie française. Son raisonnement est simple : quand le système reproduit les mêmes injustices, « le sentiment d'inégalité menace la cohésion sociale du pays, sans laquelle il ne peut y avoir de réussite économique ». L'efficacité économique est un impératif que ne néglige pas l'élu de Corrèze.

Parmi ses maximes économiques en 1990, la volonté de faire circuler le capital s'impose. Cette mobilité est « une des clés de la croissance et donc de l'emploi », assure le rapporteur de cette réforme de la fiscalité du patrimoine. Il avertit de façon presque sentencieuse : « Rien de pire pour une nation que des patrimoines immobiles ou gelés. »

Quand un héritage se contente d'accroître la fortune de ceux qui sont déjà bien pourvus, non seulement le système est injuste, mais il est inefficace : tel était son raisonnement il y a vingt-deux ans, tel demeure son raisonnement en 2012. François Hollande reste résolu à favoriser les donations, notamment envers les plus jeunes. Le système qu'il proposait alors permettait à ceux qui avaient déjà accumulé un patrimoine important d'aider leurs enfants à constituer le leur. Dans cette optique, l'impôt n'était pas un but en lui-même, mais un moyen destiné à encourager les comportements que François Hollande jugeait positifs, et à dissuader ceux qu'il considérait inintéressants sur le plan économique. Dans cette logique, il n'hésitait donc pas à proposer que les taxes soient différentes en fonction du patrimoine de l'héritier. Un riche acquitterait plus d'impôts qu'un pauvre bénéficiaire de la même somme.

Pour François Hollande en 1990, la fiscalité constitue également un moyen de moraliser la relation à l'argent. Il critique vertement les pratiques consistant à vider les comptes des futurs défunts en prévision de leur décès, et annonce son ambition de mener la vie dure à la spéculation financière, en augmentant l'impôt sur les plus-values.

Mais le député socialiste ne s'affiche pas uniquement dans le registre répressif. S'il alourdit les taxes pour les plus fortunés sur les biens immobiliers, François Hollande envisage dans le même temps de faciliter les transmissions d'entreprises, et d'alléger la fiscalité sur les petits héritages.

L'ensemble se veut équilibré, mais François Hollande n'ignore pas la susceptibilité des Français dès que l'on envisage de toucher à leur argent, ou à celui qu'ils espèrent posséder un jour. C'est un sujet à prendre avec des pincettes : « Les Français, par tradition et par tempérament, sont extrêmement sensibles dès lors qu'il s'agit de toucher à la fiscalité du patrimoine, et spécialement celle de l'héritage. » Très au fait de la psychologie nationale, il prend même soin de préciser que cette hypersensibilité se rencontre « y compris, et parfois surtout, chez les moins fortunés ». Il est vrai que bien des contribuables ne bénéficient pas d'une fortune suffisante pour être concernés par ces taxes, mais ils nourrissent tellement d'espoir en ce domaine, pour eux-mêmes ou à travers leurs enfants, qu'ils s'identifient à ceux qui protestent, et s'indignent avec eux.

Le rapporteur de 1990 a donc multiplié les mises en garde : « Il ne s'agit pas d'augmenter le poids de la fiscalité du patrimoine, mais de mieux le répartir », « Ces propositions s'intègrent dans une réforme qui s'inscrit dans la durée. »

Mais dans le contexte économique de juin 1990, ces précautions ne pèsent pas grand-chose. Quelques jours avant la publication de ce rapport sur la fiscalité du patrimoine, à Auxerre, le président François Mitterrand a tenu un discours accusatoire contre « ceux qui gagnent de l'argent en dormant ». La presse alerte sur un éventuel relèvement des bas salaires. Il n'en faut pas plus pour que la bourse ait des vapeurs et chute de plus de deux points en trois séances. Quand le rapport de François Hollande est rendu public, elle plonge d'un point en une seule journée !

Le chef du gouvernement, Michel Rocard, n'apprécie pas du tout. Pierre Bérégovoy, le ministre de l'Économie et des Finances, non plus. Le rapport du jeune député fiscaliste est définitivement enterré. Sauf dans l'esprit de son rapporteur devenu, quelque vingt-deux années plus tard, candidat à l'Élysée. Fraîchement investi à la présidentielle, François Hollande repart à la charge. Devant les socialistes réunis pour son adoubement lors du Conseil national du 22 octobre 2011, il paraphrase François Mitterrand, et fustige Nicolas Sarkozy, « le président de ceux qui gagnent plus sans travailler ». Le député de Corrèze n'a pas dit « qui gagnent plus en dormant », mais chacun, à gauche, le comprend. Ses certitudes n'ont pas changé. À la tribune, le candidat à la présidentielle martèle les mêmes convictions : « Ceux qui ont plus que d'autres doivent faire des efforts. Être dignes de la fortune que leurs efforts, leur talent, leur courage, parfois leur lieu de naissance, leur permettent d'avoir[1]. » Quelques semaines plus tard, il cible une nouvelle fois les héritiers qui reçoivent beaucoup sans l'avoir mérité : « Pourquoi certains auraient-ils la capacité de capter la fortune de leurs parents, et être dispensés de tout effort pour le restant de leur vie[2] ? »

Non, décidément, François Hollande ne sera pas gentil avec les riches héritiers qui se contentent de

---

1. Discours à Clichy, avril 2011.
2. Discours à Périgueux, mai 2011.

recevoir, qui ne s'efforcent pas de mériter, et qui prétendent garder pour eux seuls les fruits de leur bonne fortune. Mais il n'a pas brandi tout de suite cette volonté d'être dur avec les puissants et doux avec les faibles. Sa grande réforme fiscale, qu'il considère comme la mère de toutes les réformes, ne devait pas être rendue publique avant 2012 ; d'une part parce que la crise oblige à des ajustements, mais aussi pour des raisons de stratégie politique : François Hollande veut auparavant préparer les esprits à cette refonte de l'impôt. Il veut d'abord délivrer le sens profond de cette réforme, car à ses yeux, seule une ambition bien comprise et acceptée par les Français peut les convaincre de consentir aux efforts imposés par ce changement. L'objectif de cette réorganisation ne peut pas être la réforme pour la réforme, ni même une réforme pour faire « payer les riches » : la refonte de l'impôt doit avoir un sens, un dessein positif. La jeunesse restera son horizon, le thème qu'il a mis au cœur de sa campagne dès 2010. « Y a-t-il plus beau sens dans la vie que de donner aux enfants la possibilité de réussir leur vie ? Qu'est-ce qui peut nous déterminer à faire un effort au-delà de nous-mêmes ? C'est d'être sûrs que notre pays sera meilleur demain et nos propres enfants mieux protégés », s'enthousiasme François Hollande.

Ce projet est-il celui d'un « gentil », qui se prend pour le Robin des Bois du nouveau siècle ? Ce projet est-il celui d'un méchant qui veut se venger des riches rentiers ?

8

LE GENTIL MANAGER

Dans la salle de rédaction, sans lâcher son téléphone, le journaliste note à toute vitesse les propos qu'éructe son interlocuteur, visiblement très en colère : « Hollande était en capacité de régner en maître ! Mais il n'est même pas fichu de faire dégager un numéro deux qui va lui casser les burnes… Et tu me demandes pourquoi je dis qu'il n'a pas de c… ?! »

L'indigné est un proche de Dominique Strauss-Kahn ; le numéro deux dont il s'agit est Laurent Fabius ; nous sommes en novembre 2005, au lendemain du congrès socialiste du Mans. Décidément, François Hollande se révèle indécrottable avec 53 % des suffrages militants, il devançait largement le NPS, le Nouveau Parti Socialiste. Les impatients Arnaud Montebourg et Vincent Peillon, alliés à Henri Emmanuelli, n'avaient obtenu que 23 %. Laurent Fabius tenait la queue du peloton avec à peine plus de 21 %. Et pourtant, le premier secrétaire n'avait qu'une obsession : réussir la synthèse. C'est-à-dire ouvrir la porte à ses rivaux, leur faire partager les bénéfices de sa victoire, alors qu'il venait de les battre !

C'est à n'y rien comprendre. Même les hollandais historiques se perdent en conjectures. Mais François Hollande s'obstine, les manœuvres durent toute la nuit au Mans et, au petit matin, dernier jour du congrès, le premier secrétaire a gagné, y compris contre une majorité des siens, circonspects : les battus, ceux qui réclamaient sa tête depuis des semaines, réintègrent, comme si de rien n'était, la direction du parti. Ils voulaient sa peau, ils l'ont raté, il leur sourit.

« C'est un sismographe de l'instant », analyse Jean-Christophe Cambadélis, qui fut longtemps son numéro deux. Selon lui, pour François Hollande « un seul critère compte, celui de l'efficacité présente. Il n'est pas rancunier, il se moque de punir, car tout est évolutif, il analyse les mouvements du moment pour assurer sa stabilité, mais en gardant à l'esprit que tout peut toujours changer ».

« François Hollande sait mieux remporter les victoires que les gérer » regrette Harlem Désir, un hollandais déçu, « victime » de la mansuétude du premier secrétaire envers ses anciens ennemis.

Car c'est lors de ce congrès du Mans, qu'il a pourtant remporté, que François Hollande s'est créé les rancunes internes les plus nombreuses.

Pour faire de la place à ses anciens ennemis, le premier secrétaire a dû partager les responsabilités, aux dépens de certains de ses amis comme Harlem Désir, Julien Dray ou Éric Besson. Mais ces relégations étaient le prix à payer pour espérer la réhabilitation du premier secrétaire, après l'énorme erreur du référendum de mai 2005. C'est au cours de ce congrès également qu'il a dû endosser le costume gris de l'« homme qui fuit les conflits », et porter le bonnet du mauvais manager à la tête du PS.

« Peut-on être gentil et réussir ? », interrogeait la une du magazine *Management* en décembre 2011. Non, visiblement, puisque le mensuel rend compte d'une enquête selon laquelle les salariés les moins aimables gagnent 18 % de plus que leurs collègues affables. Un psychiatre explique qu'en temps de crise, « le pouvoir exercé de façon rigoureuse, concentré entre les mains d'un leader vindicatif » est accepté, car il rassure. François Hollande, qui propose une attitude rigoureusement inverse, serait alors en temps de crise totalement déconsidéré. Au Mans, sa mansuétude fut comprise comme de la faiblesse. Depuis la fin de l'année 2011, sa patience placide vis-à-vis des écologistes, et de certains socialistes parfois, passe pour de la frilosité.

Or, la perception du personnage Hollande d'aujourd'hui doit beaucoup à son attitude lors du référendum sur le Traité européen. Paradoxalement, si François Hollande paraît timoré aujourd'hui, c'est parce qu'en 2005 le premier secrétaire s'est d'abord montré offensif et convaincu, deux qualités supposées lui faire défaut en 2012.

Retour sur le cheminement paradoxal qui a mené François Hollande au bord du gouffre ; car ce sont les succès accumulés les années précédentes qui ont failli provoquer sa sortie de route en 2005.

Tout commence avec la dissolution de 1997 et la victoire de Lionel Jospin. Le Premier ministre désigne François Hollande pour prendre la tête du parti. Jean-Christophe Cambadélis se serait bien installé dans ce fauteuil, mais Lionel Jospin, qui connaissait les défauts de cette qualité, ne voulait pas d'un ancien trotskiste rue de Solférino. François Hollande lui aussi aurait préféré entrer au gouvernement, mais il n'a pas le choix. Il se dit que les choses peuvent changer. Il suggère un marché « évolutif » à Jean-Christophe Cambadélis : marchons ensemble, et si je suis nommé ministre, tu seras en bonne position pour me succéder. Pour François Hollande, l'affaire est entendue. Jean-Christophe Cambadélis devient son allié, premier secrétaire et numéro deux sont tenus par le même objectif de réussite.

François Hollande a les coudées franches pour organiser la vie du parti, et notamment ses campagnes électorales. Et de ce point de vue, il est un premier secrétaire heureux. Depuis 1997, les élections s'enchaînent comme autant de succès. Les régionales de 1998 constituent un bon cru, même si les alliances de la droite avec le FN relativisent l'affichage de ce beau résultat à gauche. Aux européennes de 1999, la liste conduite par François Hollande arrive en tête. Aux municipales de 2001, malgré un reflux général, le premier secrétaire arrache la ville de Tulle au RPR.

On le sait, cette série gagnante pour François Hollande est stoppée net le 21 avril 2002, mais le parti se trouve dans un tel état de dépression qu'il reste à sa tête. Les socialistes sont tellement choqués, abattus et déboussolés que personne n'imagine occuper ce triste fauteuil de patron d'un parti qui a volé en miettes. Face à l'urgence des législatives qui suivent la présidentielle perdue, chacun se replie dans sa circonscription. La déprime dure plusieurs années, les grands fauves socialistes pansent leurs plaies sur leurs terres.

L'année 2004, pourtant riche en rendez-vous électoraux, ne parvient même pas à les extirper de leur tanière à l'exception de la constitution de la liste aux européennes, qui voit revenir rue de Solférino quelques responsables en mal de mandat. François Hollande les reçoit, et s'accorde avec les uns ou les autres sans trop de difficultés. Comme il a eu la prudence de ne pas créer un courant personnel au sein du parti, il peut renvoyer les différentes familles dos à dos : quand les strauss-kahniens se lamentent, il fait porter le chapeau de leur courroux aux partisans de Laurent Fabius, et inversement. Il maîtrise la situation en douceur. Pour ce grand parti convalescent, un premier secrétaire gentil et compréhensif représente un onguent apaisant.

Le premier secrétaire n'effraie aucun des éventuels candidats en 2007, il n'utilise pas son poste de numéro un pour organiser ses propres troupes. François Hollande préfère parcourir la France ; de fêtes de la rose en banquets républicains, il tisse un lien direct avec les militants.

Chaque campagne électorale lui offre l'occasion de discuter, écouter, plaisanter avec les adhérents ; les bénévoles du parti apprécient d'autant plus la convivialité joyeuse apportée par François Hollande que les temps sont durs. Le premier secrétaire les stimule, il requinque le moral des troupes, il leur promet des conquêtes en cette année 2004. François Hollande est identifié aux victoires des cantonales et des régionales. Car les autres hiérarques nationaux ne se sont pas vraiment mêlés de ces scrutins. Ils n'ont pas osé se présenter à ces élections qui leur paraissaient mal engagées, deux ans à peine après la bérézina de 2002. Il n'en est qu'une à relever le défi : Ségolène Royal, candidate en Poitou-Charentes. Sur la photo des vainqueurs, non seulement elle est l'unique femme, mais elle est également la seule élue connue sur le plan national ; elle incarne donc assez logiquement la victoire de la gauche dans vingt régions sur vingt-deux. Le couple Royal-Hollande apparaît alors en position de force politique. Quelques mois plus tard, François Hollande s'arroge 30 % des voix aux européennes.

François Hollande se laisse gagner par l'euphorie. Décidé à porter les couleurs du PS à la prochaine présidentielle, il va jouer un coup purement stratégique, très hasardeux, à l'occasion de la consultation référendaire sur le nouveau Traité européen en 2005.

Pourquoi faire simple quand on peut faire compliqué ? Jacques Chirac a annoncé l'organisation d'un référendum sur le texte constitutionnel, adopté le 18 juin précédent par les dirigeants européens. François Hollande sait d'ores et déjà qu'il votera oui. Il n'ignore pas qu'une grande partie des militants socialistes désire exprimer sa défiance, vis-à-vis de l'Europe bâtie par la droite. Mais au lieu d'agir simplement en essayant de convaincre ses troupes d'approuver le traité, François Hollande se complique la tâche.

Laurent Fabius, son ennemi et éventuel rival pour 2007, dégaine le premier, lors d'une interview au quotidien *Le Monde* au mois de juin. Sans prôner le rejet, l'ancien Premier ministre prend ses distances avec le texte : « Ce Traité est de nature à décourager les meilleures volontés […] Je doute fort qu'en l'état, les socialistes et les Français votent pour […] Je ne trouve pas qu'il faille toujours voter Chirac. » Laurent Fabius n'avait prévenu personne, pas même le premier secrétaire.

Invité de RTL, au lendemain de l'article de Laurent Fabius, François Hollande tergiverse, il refuse de répondre clairement oui ou non à la question de savoir s'il voterait le Traité ; il veut « faire en sorte que le PS fasse le choix de l'Europe », explique-t-il, entre deux esquives. Un peu agacé, Jean-Michel Aphatie conclut l'entretien en l'appelant « monsieur ni oui ni non ».

Finalement, François Hollande organise son propre référendum au sein du PS. Les adhérents socialistes trancheront et contrediront, il l'espère, son rival. Le lien de confiance établi avec les militants ces dernières années devrait lui permettre de les amener à ne pas rejeter le Traité. François Hollande n'a pas prévenu Laurent Fabius. Pris de court, l'ancien Premier ministre bascule dans le camp du non.

En décembre, au sein du PS, le oui l'emporte largement, à près de 60 %. François Hollande est conforté en tant que patron du parti. Cette victoire de la stratégie élaborée par François Hollande produit deux victimes, Laurent Fabius et Jean-Luc Mélenchon.

Mais François Hollande gère mal ce succès, il n'impose aucune ligne de conduite aux tenants du non. Par excès de confiance personnelle, ou par refus du conflit, sans doute persuadé que les battus adopteraient d'eux-mêmes un profil bas, François Hollande ne porte pas l'estocade. Il imagine peut-être que les Français l'effectueront pour lui, en approuvant le texte. Mauvais calcul, le 29 mai 2005, le Traité est repoussé par plus de 54 % des électeurs.

Les fauves reviennent rue de Solférino, prêts à déchiqueter l'artisan de ce « oui » socialiste en contradiction avec le pays. Tout ce que le PS compte de candidats potentiels à l'Élysée pousse son couplet contre celui qui a tenu la maison, certes, mais une maison déserte disent-ils, sourde aux aspirations du peuple de gauche. Laurent Fabius, Dominique Strauss-Kahn, Martine Aubry, Bertrand Delanoë, Arnaud Montebourg, se connaissent au moins un point commun, ils ne pensent qu'à la présidentielle de 2007 ; ils ne sont pas mécontents de voir un rival, François Hollande, éliminé.

À la tête de ce parti blessé, coupé en deux par ce référendum, François Hollande poursuit son obsession de toujours, empêcher la rue de Solférino de se vider de son sang ; il craint la scission mortelle. Pour préserver ses chances et son avenir, il a besoin de maintenir le parti uni. Dans cet objectif, la synthèse du Mans représente le moyen de conserver l'outil électoral indispensable à la campagne socialiste de 2007, quel que soit le candidat. François Hollande préserve autant ses intérêts que ceux de ses rivaux. Sans synthèse, il passerait par-dessus bord, à coup sûr, et ses adversaires se battraient sur un bateau livré à tous les vents, sans capitaine. Le raisonnement est compris par ses rivaux qui acceptent de le rejoindre à la direction, après tout, ils seront mieux à même de se surveiller les uns les autres, par temps calme.

La synthèse anesthésie les plaies. François Hollande devient l'incarnation de ce consensus mou et indolore, et pas à son avantage. Ses défenseurs plaident une démarche Jaurèssienne, en se souvenant du rôle rassembleur de l'artisan de l'unification du socialisme français en 1905. Ses adversaires dénoncent une reculade, une incapacité à trancher, une esquive permanente des conflits, une propension à fuir les difficultés. Ceux-là citent plus volontiers le radical-socialiste, Henri Queuille, une figure emblématique des blocages de la Quatrième République, élu de Corrèze comme François Hollande, et connu pour cette maxime : « Il n'est pas de problème, si compliqué soit-il, que l'absence de solution ne finisse par résoudre. »

La synthèse hollandaise tient peut-être des deux influences. Elle relève d'une conviction politique profonde concrétisée par la victoire de l'union de la gauche en 1981. Elle peut aussi s'apparenter à une posture de sismographe, auquel le comparait Jean-Christophe Cambadélis, selon laquelle les soubresauts d'aujourd'hui n'étant pas ceux de demain, autant attendre quelques jours pour les affronter.

Après son investiture en octobre 2011, François Hollande s'est une nouvelle fois adonné à ce penchant pour la grande absolution. Martine Aubry s'est réapproprié son siège rue de Solférino le soir même, la première secrétaire a repris son calendrier de travail, comme si la primaire citoyenne n'avait constitué qu'une parenthèse. L'accord avec les écologistes a été paraphé très vite, dans les dates prévues, au prix de cafouillages et de conflits locaux inutilement versés dans la besace du candidat. Les investitures aux législatives n'ont pas offert un seul poste supplémentaire aux hollandais.

Le candidat légitimé par le vote de presque trois millions de personnes a refusé de taper du poing sur la table. Au contraire, il a intégré des proches de Martine Aubry dans son équipe de campagne. Les ralliés des dernières semaines se trouvent désormais plus près du patron que ses fidèles de toujours, lesquels s'en accommodent, pour la plupart. Cependant la logique de cette nouvelle synthèse s'avère plus difficile à accepter pour certains, qui avertissent : « Martine est en train de constituer sa majorité dans le prochain groupe parlementaire ! » Les sismographes hollandais relativisent, la terre aura bougé d'ici là, les soutiens d'aujourd'hui ne constitueront pas ceux de demain. François Hollande refuse de réendosser son costume de premier secrétaire, il n'intervient que sur les problématiques présidentielles. La distribution des circonscriptions s'opère sans lui, à Solférino.

En revanche, imposer Ségolène Royal à La Rochelle en sacrifiant l'ambition de l'un de ses plus fidèles militants relève de la compétence du candidat. Olivier Falorni appartient au cercle hollandais historique, de ceux qui ont fondé l'association « Répondre à gauche » en 2009, prémices de la candidature de François Hollande. Le premier fédéral de Charente-Maritime prépare depuis des années sa candidature aux législatives à La Rochelle, dans une circonscription laissée vacante par le socialiste sortant, Maxime Bono. Mais Ségolène Royal a jeté son dévolu sur cette ville. Sèchement battue lors du premier tour de la primaire, l'ancienne postulante à la présidentielle veut se réinvestir dans un mandat national en 2012. Sa requête est légitime, assurent les proches de François Hollande. En effectuant le ralliement décisif en faveur de François Hollande, en s'en tenant à une logique politique, elle a relancé la dynamique du vainqueur. François Hollande a besoin de ce soutien. À La Rochelle, la situation promet d'être explosive, l'acceptation du député-maire Maxime Bono ne convaincra pas Olivier Falorni, premier fédéral et patron des militants. « On a vu défiler dans notre tête tous les problèmes que cela allait poser, raconte un hollandais convaincu, mais on n'a même pas cherché à discuter, c'était oui. » François Hollande a décroché son téléphone pour expliquer la situation à son fidèle des mauvais jours.

Le gentil François Hollande, l'indécis, le fluctuant, le fuyant, l'homme des synthèses molles anesthésiantes a tranché, il a sacrifié un ami.

Mais enfin, Olivier Falorni ! L'un des animateurs de « Répondre à gauche », la minuscule structure qui a permis à François Hollande de remonter la pente ? Le premier fédéral sommé de s'immoler ?

« Oui, répond calmement un autre vieux compagnon de route de François Hollande.

— Mais ça ne vous fait rien, à vous ? Ça pourrait vous arriver aussi. Cela veut dire que François Hollande ne défend pas ses amis ?

— Non, dans ce cas, entre Olivier et Ségolène, cela s'apparente à autre chose. Nous ne sommes pas au pouvoir, mais nous sommes en campagne pour que François devienne président de la République. L'histoire d'Olivier, c'est, comment dire… on n'est pas au pouvoir mais, c'est la raison d'État. »

Comme en 2005, lors du référendum européen, François Hollande a pris une décision rapide, et offensive. Sa perception est limitée, La Rochelle n'est pas la France. Mais avec cette entente politique avec Ségolène Royal, François Hollande a peut-être enlevé le premier bouton du costume du gentil « monsieur ni oui ni non ».

9

ASSUMER L'EUROPE

« Moi, je lui ai dit ce que je pensais : qu'on allait perdre et le référendum interne au PS, et le référendum dans le pays. »

La scène se passe au cours de l'été 2004, entre le premier secrétaire et l'un de ses proches qui s'inquiète de la position que le numéro un du parti va devoir prendre. Ce dernier peut-il s'engager dans un choix promis à l'échec ?

« François m'a répondu : "Je suis prêt à prendre le risque de perdre le référendum, parce qu'il faut que la France dise oui. Je ne ferai pas de stratégie sur ce coup, même si je sais qu'il serait facile de faire voter non à Chirac." »

Nous l'avons vu, finalement, François Hollande « a fait de la stratégie sur ce coup », mais pas en utilisant l'Europe contre Jacques Chirac : il a cru se servir du oui au profit de ses propres intérêts internes au PS.

En poussant Laurent Fabius dans le camp du non, François Hollande se souvenait de cette règle implicite selon laquelle on ne peut pas s'opposer à l'Europe et briguer l'Élysée. Jacques Chirac avait expérimenté la maxime en 1992. Après avoir démontré son hostilité à la construction européenne en 1978 en dénonçant l'inféodation de la France dans son « appel de Cochin », le futur chef de l'État avait fait campagne en faveur de la ratification du traité de Maastricht lors du référendum initié par François Mitterrand en 1992.

En 2005, pour ses détracteurs, les motivations de Laurent Fabius relèvent davantage de la tactique que de l'expression d'une conviction profonde. Il était Premier ministre en 1985, lors de l'adoption de l'Acte Unique[1]. Il appartenait au gouvernement Jospin au moment de la signature du traité de Nice, sous la présidence de Jacques Chirac, et n'avait jamais manifesté de réticences. Le dauphin supposé de François Mitterrand donne plutôt le sentiment d'avoir voulu surfer sur la vague prévisible du non. Mais en prenant le contrepied de la ligne validée par la majorité des militants, en participant à la fragilisation du parti, en encourageant le non à l'Europe sans proposer une porte de sortie une fois ce non acquis, Laurent Fabius s'est exclu du club des présidentiables. Il a eu beau devancer le choix

---

1. Acte qui a permis d'instaurer un grand marché sans frontières au sein de l'Union.

des Français, sa posture est apparue incohérente avec son passé.

À l'inverse, l'engagement de François Hollande ne surprend personne. Son europhilie s'impose d'évidence. Mais à la question de savoir pourquoi François Hollande est européen, ses amis sèchent. « Il l'a toujours été », hasardent-ils.

Interrogé sur ce même sujet[1], le candidat cite spontanément deux noms, François Mitterrand et Jacques Delors, puis il actionne la machine à remonter le temps.

Il est né en 1954, adolescent à la toute fin des années 1960. Il ne nourrit pas le souvenir douloureux de ceux qui sont nés après la guerre, encore moins de ceux qui ont vu le jour pendant le conflit avec l'Allemagne. Il appartient à une génération qui n'a plus de comptes à régler avec le pays du Troisième Reich, au contraire, les jeunes de son âge partent en voyage scolaire outre-Rhin, ou en Angleterre. Lui-même s'est rendu en vacances en Espagne, le continent européen fait donc partie de sa culture générale, sans aucun relent belliqueux.

Plus tard, quand il s'ouvre aux enjeux politiques, François Hollande présente une particularité moins courue ; contrairement à beaucoup de ses camarades de gauche, le socialisme soviétique ou chinois ne l'attire pas. Le collectivisme matérialiste ne correspond pas à son idéal, pour lui, l'égalité se

---

1. Entretien avec l'auteur.

construit à partir de l'individu. Il y a bien le modèle chilien, avec Salvador Allende, mais l'Amérique du Sud est loin, alors que sur son continent il existe aussi de grandes figures socialistes. François Hollande salue l'Allemand Willy Brandt, l'homme de l'Ostpolitik qui permit la paix avec l'Allemagne de l'Est. Il admire Olof Palme, incarnation du modèle social suédois, deux fois ministre d'État et responsable du parti social-démocrate de 1968 jusqu'à son assassinat en 1986. D'autres leaders apparaissent moins emblématiques, mais leur expérience n'en est pas moins suivie avec attention par François Hollande. Le travailliste britannique Harold Wilson, deux fois Premier ministre, en 1964 et 1970, favorable au maintien de la Grande-Bretagne dans la CEE. Ou l'Italien Bettino Craxi, pour ce qui est de ses premières années, face au communiste Enrico Berlinguer, avant sa condamnation dans des affaires de financements illicites.

Pour de jeunes militants socialistes des années 1970, comme François Hollande, l'Europe constitue l'espace naturel de la grande épopée politique qu'ils souhaitent mener. Elle transfère au niveau des États la démarche politique du jeune Hollande : une liberté individuelle qui s'épanouit dans une aspiration commune. Le projet, historique, se bâtit sur la recherche d'un consensus permanent, grâce à des compromis intelligemment construits en vertu de l'intérêt général.

Devenu conseiller de François Mitterrand à l'Élysée en 1981, puis proche de Jacques Delors, François Hollande s'enthousiasme, l'aventure européenne se construit sous ses yeux. Le rêve d'une Europe sociale, politique et monétaire, recherchant la croissance et la prospérité, prend forme. Il interprète alors l'Europe comme une conquête, exaltante et prometteuse.

Pourtant, petit à petit, l'Union européenne s'éloigne de ce dessein, au point que les peuples manifestent de plus en plus sèchement leur incompréhension face à ce grand navire qui semble emporté par un élan qu'il ne maîtrise plus.

François Hollande regrette cette évolution, mais il l'explique d'abord par la chute du mur de Berlin. Un autre enjeu s'est imposé, qui a « ébranlé ce modèle » : il s'agissait de réunir les deux Allemagne, de réunir « des pays et des peuples qui avaient été séparés ».

C'est pourtant à ce moment-là que l'Europe se colore de rose. Le travailliste Tony Blair accède au 10, Downing Street le 2 mai 1997 ; un mois plus tard, le 2 juin 1997, le socialiste Lionel Jospin s'installe à Matignon ; en septembre 1998, l'Allemand Gerhard Schröder rejoint le duo. Ces trois leaders du Parti Socialiste Européen auraient pu orienter différemment le cours de l'Europe, mais ils n'ont pas su conjuguer leurs talents. La chute du Mur avait bousculé les idéologies traditionnelles, le socialisme cherchait un chemin qui se voulait moderniste. Tony Blair croyait en l'efficacité des marchés pour offrir quelques marges de manœuvres sociales au gouvernement. Le Britannique prônait une troisième voie incompatible avec la gauche plurielle de Lionel Jospin, qui comptait encore des communistes dans son gouvernement. À peine élu, en 1997, quand le Premier ministre français débarque au sommet du PSE à Malmö en Suède, il est accueilli avec dédain, comme un archaïque de l'ancienne école, alors que Tony Blair est encensé. L'arrivée de Gerhard Schröder ne modifie pas la donne, l'Allemand vante le nouveau centre, avec un pragmatisme qui ne peut séduire les Français. « Chacun avait son modèle et sa voie », regrette François Hollande aujourd'hui. Autrement dit, l'Europe rose a raté le coche.

Mais l'Union européenne continue d'avancer, et l'europhile François Hollande sait qu'il ne pourra pas se contenter de dénoncer les erreurs de Nicolas Sarkozy, comme il l'a fait durant la campagne des primaires. En pleine crise grecque, quelques semaines avant la démission de Georges Papandréou, l'ancien lieutenant de Jacques Delors s'emportait : « Ce qui s'est passé est extrêmement grave. Plusieurs mois après, les ministres des Finances des dix-sept n'ont pas encore été capables d'arrêter le plan de soutien pour la Grèce ! Les fonds ne sont toujours pas mis à disposition. Je ne veux pas être oiseau de mauvais augure, mais les marchés vont réagir. Face à une telle situation, aussi grave, un chef de l'État ne doit pas se contenter d'effets d'annonce alors qu'il est président de la République, c'est-à-dire en responsabilité depuis quatre ans ! »

François Hollande plaide pour la mutualisation de la dette grecque, c'est-à-dire un emprunt qui serait consenti, et garanti, par l'ensemble des pays de l'Union. Mais il sait bien que l'Allemagne est extrêmement réticente quant à ces eurobons, et qu'elle est radicalement opposée à l'idée de donner à la Banque Centrale Européenne la capacité de recourir à la planche à billets.

Le gentil Hollande est-il de taille pour bousculer les certitudes d'Angela Merkel ? Pour bien des observateurs, « poser la question, c'est y répondre », François Hollande apparaît bien trop frêle pour imaginer ébranler la solide chancelière allemande. Même un dur à cuire comme Nicolas Sarkozy a du mal, alors, le gentil Hollande, pensez donc !

Mais François Hollande croit en son talent. D'ailleurs, il est persuadé que, derrière ses rodomontades, Nicolas Sarkozy ne tente même pas d'imposer le moindre rapport de force à Angela Merkel. En prévision de son éventuelle élection, l'ancien bras droit de Jacques Delors s'emploie à faire évoluer la chancelière allemande, à sa façon. Bien avant son investiture aux primaires socialistes, dès le mois de février 2011, l'un de ses fidèles, Jean-Marc Ayrault, s'est rendu outre-Rhin, pour rencontrer les autorités allemandes. Germanophile, et germanophone accompli, le président du groupe socialiste à l'Assemblée nationale a été accueilli par ses camarades du SPD, mais il a également été reçu à la chancellerie. Jean-Marc Ayrault est revenu avec le sentiment d'avoir été traité avec respect par les socio-démocrates allemands, mais aussi par l'entourage de la chancelière. Une fois François Hollande investi, fin octobre 2011, le président du groupe a poursuivi ce dialogue, si bien qu'au mois de novembre, une petite délégation, emmenée par le candidat socialiste à la présidentielle, a pris son petit déjeuner avec l'ambassadeur d'Allemagne en France. François Hollande sait que cette rencontre donnera lieu à un télégramme diplomatique destiné à Berlin. Celui qui se sent comme un potentiel président de la République française fait passer son message. Il se résume en quelques objectifs : d'abord rassurer les autorités allemandes sur ses intentions, puis les convaincre de la nécessité de redonner à l'Union un rôle protecteur que l'opinion doit être en mesure de constater.

Pour dissiper les craintes de ses interlocuteurs allemands sur la politique que mèneraient les socialistes français, François Hollande commence par dire combien il comprend les contraintes allemandes, leur souci de ne pas perdre leur compétitivité, et leur attachement à leur système démocratique qui oblige la chancelière à rendre compte devant son parlement. Cette tradition peut parfois laisser penser à une lenteur mal intentionnée, mais François

Hollande affirme qu'il mesure la bonne volonté de la chancelière. Il rassure également sur ses projets personnels, il sera ferme sur les comptes publics, nul besoin d'une règle d'or ou de tout autre carcan institutionnel. Voici de quoi calmer les inquiétudes allemandes, mais François Hollande poursuit, la rigueur ne peut pas constituer un horizon en soi, les peuples ne l'acceptent pas. Il faut donner un sens à cette fermeté budgétaire. L'Europe, et donc l'Allemagne, doivent concéder des contreparties, et pas seulement pour faire plaisir à un nouveau dirigeant français – si jamais François Hollande le devenait – il y va aussi de l'intérêt de l'Allemagne. Après avoir évoqué ses propositions connues, sur les eurobons et le rôle de la BCE, François Hollande propose une initiative de croissance forte sur le plan européen ; une sorte de grand emprunt sur l'environnement, les technologies, la bioéthique. Cet investissement d'envergure pourrait concerner toutes les industries d'avenir amenées à se développer ailleurs qu'en Europe. Autant de secteurs où l'Allemagne seule serait faible, mais où elle serait forte dans le cadre d'un projet communautaire. Cette initiative de croissance serait donc profitable à l'industrie allemande, voilà où se situe, d'après lui, l'intérêt de Berlin dans ce qu'il propose.

Ces réflexions que François Hollande soumet indirectement à Angela Merkel, il sait qu'il les énoncera publiquement lors du congrès du SPD, auquel il a été convié début décembre à Berlin. Le leader socialiste français n'ignore pas que le SPD espère l'emporter contre la chancelière en 2013, il ne craint donc pas d'annoncer la couleur. Il s'en explique car, à ses yeux, il est impératif de prévoir des politiques à cinq ou dix ans, ce qui ne correspond pas forcément à la durée des mandatures électorales. Pour François Hollande, l'alternance intérieure doit pouvoir s'effectuer sans bouleverser les ambitions européennes à long terme. Ni le couple Giscard/Brandt, ni le couple Mitterrand/Kohl n'étaient de la même couleur politique, l'Europe a pourtant progressé sous la houlette de ces couples désassortis, bien mieux, pense François Hollande, qu'avec le duo Sarkozy/Merkel. Ni lui ni ses amis ne citent le couple Jospin/Schröder, mais la comparaison pourrait aller jusque-là.

François Hollande est peut-être fragile (comme le disent ses détracteurs), mais il se révèle prévoyant. Il prépare sa politique européenne bien en amont de son éventuelle élection.

L'enjeu européen illustre bien la méthode qu'entend développer François Hollande. Il ne croit pas que le rapport de force, brusquement posé lors d'un sommet à Bruxelles, puisse faire émerger des solutions durables. Sa stratégie est tout l'inverse d'une politique de coups, elle réclame au contraire une longue préparation sans cesse réactualisée. Le socialiste est persuadé que l'action publique se fait sur la durée, avec des projets qui se réalisent en plusieurs années. Dans un premier temps, François

Hollande cherche d'abord à établir les conditions favorables à l'acceptation de ses propositions. Il prend soin de soumettre un dessein qui présente des progrès pour toutes les parties. Il croit ensuite pouvoir convaincre chaque pays qu'il tirerait avantage à y participer, en intégrant au besoin certaines de ses demandes. Au final, cela peut ressembler à une grande synthèse d'intérêts communs. Une synthèse molle ? Peut-être, mais qui réclame forcément une forte ténacité. Son parcours le démontre, depuis son entrée à l'ENA, François Hollande poursuit toujours avec obstination le même rêve : changer au plus profond les rouages de la société française.

10

L'Élysée, palais du consensus

Parfois, il rêve. Il se rêve à l'Élysée. Un palais qui serait devenu bruyant.

Un bâtiment très animé, dont la cour de gravillons blancs crépiterait des pas, nombreux, des visiteurs. Dans un salon se tient une réunion avec des associations. Ailleurs, deux conseillers élyséens discutent, tandis qu'un troisième écoute leurs propos, l'oreille vissée à son téléphone. Le président, lui, anime une consultation, désormais banale, avec les représentants de l'opposition, toutes tendances confondues, sur la prochaine réunion du G20. Un peu en retrait, l'un de ses collaborateurs vérifie la liste des participants du colloque organisé quelques jours plus tard au palais présidentiel, sur l'euthanasie.

Scène de politique-fiction ? Certainement, mais imaginée avec des éléments fournis par François Hollande lui-même.

Jeune conseiller du président Mitterrand, il s'étonne de voir les visiteurs faire un détour pour éviter de faire crisser le gravier de la cour d'honneur. Comme si le palais présidentiel était voué au silence. Autant Matignon lui paraît un lieu vivant et bruyant, autant l'Élysée se présente comme un sanctuaire triste et vide.

Il sait surtout le danger qui guette tout président de la République en son palais : l'isolement. Il connaît, pour l'avoir observé de près à l'Élysée avec François Mitterrand, le développement du phénomène de cour. Au fur et à mesure des habitudes, la machine élyséenne endort les inquiétudes, seule subsiste, au fil du temps, la crainte de perdre son statut, et l'entourage ne contredit plus le monarque, mais encourage ses certitudes. Le président se trouve au sommet d'un vaste mécanisme bien huilé, silencieux, entièrement dédié à son confort. Au premier étage, près de son bureau, chacun marche prudemment, comme si le moindre bruit de pas pouvait troubler la réflexion élyséenne et modifier les équilibres planétaires. Le palais bruit de ce silence déférent.

François Hollande se promet de chahuter cet ordre obséquieux. Certains ont cru y parvenir en troquant leur chemise contre un pull-over, ou en tapant dans le dos de leurs visiteurs, en les tutoyant, mais la bulle de complaisance qui isole le maître de ces lieux n'a pas explosé pour autant. « La réponse est institutionnelle », assure François Hollande[1].

À ses yeux, le chef de l'État « ne peut réussir seul ». Il a besoin du collectif parlementaire qui l'empêchera de se laisser gagner par cette langueur présidentielle. Les relations au sein des formations de la majorité doivent être établies dans un contrat, qui codifie, précise et institutionnalise les débats. La relation d'échange entre le chef de l'État, son gouvernement et le parlement, où siège l'opposition, doit être formalisée, ritualisée et banalisée. L'instauration de rendez-vous réguliers imposera continuellement au président de rompre son isolement. Faute de quoi, les partis de sa majorité ne manqueront de le rappeler au respect de cette charte.

François Hollande pourrait paraphraser François Mitterrand en 1988 : « Il n'est pas bon qu'un seul parti gouverne. » Dans la vision de François Hollande, cet impératif se traduit par la construction volontaire d'une coalition, sans que les urnes y obligent forcément. Même s'il dispose d'une majorité absolue à l'Assemblée, le président bâtirait cette alliance large. « La seule garantie contre les faiblesses et les hésitations, c'est la coalition politique ! » affirme-t-il[2]. Cette conviction peut expliquer son

---

1. Entretien avec l'auteur.
2. François Hollande, *Devoirs de vérité*, dialogue avec Edwy Plenel, *op. cit.*

refus, au début de la campagne présidentielle fin 2011, de se mêler des affaires internes du PS, ainsi que sa distance vis-à-vis de l'accord conclu entre le PS et les écologistes. Une nouvelle entente, devant se nouer après son éventuelle élection sous la forme d'un véritable contrat de coalition.

François Hollande ne renie pas la gauche plurielle initiée par Lionel Jospin. Il se souvient aussi de la tentative de François Mitterrand avec les communistes en 1981. Il observe que chaque fois, après avoir accédé au pouvoir, l'alliance s'est épuisée avant la fin de la législature. Soit parce que cette union était contrainte et contraignante pour l'un des alliés, comme ce fut le cas des communistes quittant le gouvernement en 1984. Soit parce que le contrat a été réalisé plus vite que prévu, et l'accord du début de mandat s'est vidé de sa substance, comme ce fut le cas de la gauche plurielle en 2000. La greffe de 1997 s'était révélée stérile, mais personne n'avait songé à la fertiliser.

François Hollande comprend les origines de cette lacune plusieurs années plus tard, mais à l'époque, quand Lionel Jospin avait remanié son gouvernement en mars 2000, au milieu de son mandat, le premier secrétaire n'avait pas su analyser les causes de l'étiolement de la gauche plurielle. Il sentait que le Premier ministre se crispait, Lionel Jospin se refermait sur ses habitudes, les alliés devenaient indociles. Mais il n'avait pas vraiment trouvé de remède à ce mal diffus.

Avec le recul, François Hollande s'est convaincu qu'il aurait fallu « redéfinir le pacte majoritaire[1] », donner un second souffle à la majorité plurielle. Cette coalition aurait dû être animée ailleurs qu'au gouvernement, lieu alors exclusif de son expression. La majorité plurielle ne vivait ni au parlement, ni dans les partis politiques, elle ne s'exprimait qu'à travers les ministres – des individualités – au sein du gouvernement.

Pour remédier à cette insuffisance, François Hollande s'est convaincu de la nécessité de renouveler publiquement le contrat de gouvernement au bout de deux ans. Comment ? Tout bêtement par un vote de confiance à l'Assemblée à mi-mandat. Le Premier ministre prononce un nouveau discours de politique générale, il engage sa responsabilité, et les députés lui accordent, ou non, leur confiance.

Évidemment, cette procédure suppose une prise de risque politique énorme, le gouvernement peut être renversé, et le président de la République obligé de dissoudre l'Assemblée. Si cette logique est menée à son terme, la cohabitation « n'a plus de raison d'être[2] », François Hollande en convient ; et le président de la République lui aussi peut être démis de ses fonctions. C'est pour cette raison qu'en amont, le candidat socialiste s'efforce, par sa

------

1. Entretien avec l'auteur.
2. François Hollande, *Devoirs de vérité*, dialogue avec Edwy Plenel, *op. cit.*

réforme des pratiques institutionnelles, de provoquer le bouleversement des habitudes politiques.

Le processus s'engage à plusieurs niveaux.

Au sein du gouvernement, entre ministres, la coalition doit constamment discuter, proposer, et décider. Ce travail de préparation doit également s'élaborer en coordination avec les différents partis politiques, forts de leurs militants, qui composent la coalition.

L'Élysée ne doit pas se contenter d'être un arbitre ultime. Le lieu lui-même, le palais du 55 rue du Faubourg-Saint-Honoré, doit s'ouvrir aux discussions. La coalition doit s'y exprimer, le débat ne doit pas être réservé exclusivement à la majorité. Devenu président de la République, François Hollande s'imagine volontiers recevoir et « considérer » les représentants de l'opposition. Après tout, en Grande-Bretagne ou en Allemagne le chef de l'exécutif rencontre – ou affronte –, souvent, ses opposants au parlement. En France, le président est le chef de l'exécutif, pourtant il n'a pas le droit de se rendre au parlement. Puisque c'est ainsi, avec François Hollande à l'Élysée, le parlement ira au président.

Mais une contradiction est assez facile à soulever : François Hollande futur président vante un esprit d'ouverture, bien différent de celui qui anime François Hollande premier secrétaire ou premier opposant à Nicolas Sarkozy. Le candidat François

Hollande rétorque qu'avant le G20, bien que réclamant la solidarité de l'opposition, Nicolas Sarkozy s'est abstenu d'inviter les représentants de l'opposition à l'Élysée. Le candidat le confie *a posteriori*, mais il s'est bien gardé de le clamer publiquement, quand il était encore temps pour la Présidence de lancer les bristols. Il réservait la force de cette nouvelle méthode présidentielle à sa propre campagne électorale.

D'un autre côté, François Hollande a développé ces propositions lors de discours publics ces dernières années, il a exposé son contrat de coalition dans ses livres, mais sans grand écho médiatique il est vrai. Le candidat lui-même, bien que critiqué pour son absence de projet, ne s'est pas précipité pour les remettre sur la table en 2011. Sans rien avancer de contradictoire avec cette intention, il a préféré attendre le moment opportun.

Peut-être aussi craint-il d'être accusé de vouloir dépasser son socle électoral avant de l'avoir solidement rassemblé à gauche. François Hollande n'ignore pas la règle selon laquelle au premier tour, on rassemble les siens, avant d'« élargir » au second.

La volonté de dépasser le clivage droite gauche est toujours présente dans l'esprit de François Hollande. La stratégie d'union de la gauche est toujours sa règle, sans complexe ; elle peut s'étendre aux centristes, s'ils acceptent le contrat présidentiel à la mode Hollande.

D'ailleurs, le parlementaire socialiste a déjà pratiqué l'ouverture au centre. Il a tenté de briser ce tabou il y a presque vingt-cinq ans.

Devenu député de la Corrèze en 1988, François Hollande adhère à un club au nom évocateur, le « club des douze pour l'entreprise ». Pour un élu de gauche à l'époque, l'intitulé semble un brin provocateur. Un an plus tôt, Paul Boury, un ancien d'HEC, futur lobbyiste de renom, avait créé cette structure. Il prétendait mettre en contact des décideurs et des politiques pour qu'ils échangent leurs idées sur des solutions intelligentes et concrètes pour les entreprises. L'idée plaît à François Hollande, passionné d'efficacité économique[1]. Le député socialiste corrézien préside le groupe de travail sur le « divorce entre la société et l'entreprise ». Le rapporteur est un député RPR, Michel Hannoun. Un autre RPR, Jean-Pierre Delalande, est chargé d'un autre groupe sur un sujet qui enthousiasme François Hollande : « Comment faire repartir la consommation ». Car oui, bien sûr, la structure organisée par le lobbyiste dépasse les clivages partisans. Ce qui ne choque absolument pas François Hollande.

Le seul problème, c'est qu'en regagnant l'Assemblée après leurs passionnantes réunions de travail, les députés reprennent leurs étiquettes partisanes et appliquent la discipline de vote de leur groupe politique. Les rapports des « douze pour l'entreprise »

---

1. Cf. chapitre 7, « Les joies de l'impôt ».

n'intéressent pas leurs collègues. Les RPR votent contre tout ce qui est estampillé PS, et les PS rejettent tout ce qui est marqué RPR, la vie parlementaire est aussi simple que cela.

Fin 1991, François Hollande et ses collègues PS ou RPR ne supportent plus ce carcan sectaire. Les plus motivés tentent un dernier baroud. Une tribune paraît dans *Le Monde* avec la signature de jeunes députés de droite et de gauche. Le paraphe de François Hollande voisine avec ceux de Ladislas Poniatowski et Étienne Pinte. Les rebelles s'insurgent contre les consignes de vote de leurs groupes respectifs, ces directives étant « plus représentatives de la conjoncture politique qu'illustratives de la teneur des débats en commission parlementaire ». « L'antiparlementarisme exacerbé » dont se plaint la classe politique provient de ces pratiques dépassées, regrettent-ils. À deux ans des législatives de mars 1993, leur offensive reste vaine.

Mais les fréquentations transpartisanes de François Hollande font jaser. Jean-Marie Bockel s'en souvient encore en 2006, alors que le Mulhousien s'efforce d'incarner un courant blairiste au PS : « En 1992-1993, François Hollande avait énormément de contacts avec les centristes. Il était plus à droite que moi ! » C'est dire. En 2007, Jean-Marie Bockel est devenu ministre de Nicolas Sarkozy et François Fillon.

Ouvrir l'Élysée à toutes les sensibilités, tel est le rêve de François Hollande. Fin 2011, le candidat envisageait d'organiser le vote de reconduction du pacte majoritaire très précisément en 2014. Toutes les élections locales, des régions aux communes, se tiendraient le même jour. Le risque du vote sanction contre le pouvoir en place serait grand, mais ce même risque obligerait la coalition en place à entretenir la flamme de l'union. Dans les semaines suivant ces élections territoriales, le pacte majoritaire serait reconduit à l'Assemblée, à condition que le gouvernement ait obtenu la confiance des députés.

En formalisant ces rendez-vous dans le calendrier électoral et politique, François Hollande espère imposer une nouvelle discipline au sein des partis de la majorité. La vérification d'un consensus à échéances précises permettrait d'instaurer la recherche permanente, transparente et durable de ce compromis dans une actualité mouvante. Le chef de l'État ne pourrait pas se comporter comme un monarque tout-puissant, fort d'un blanc-seing établi pour cinq ans. Le mandat majoritaire serait obligatoirement reconsidéré en fonction de l'évolution du contexte politique, économique, social et international. Les partis politiques et leurs militants bénéficieraient d'une influence accrue dans la définition de ce contrat.

Dans l'esprit de François Hollande, le PS reste au centre du jeu. Dans l'hypothèse de son élection à l'Élysée, son parti joue un rôle de pivot dans cette équipe. Il serait en position de force, du fait de sa prééminence électorale. Ce poids dans les urnes le légitime et le positionne comme un élément qui attire, génère et organise le rassemblement. Toujours en référence aux expériences passées, François Hollande considère que c'est la position de force du PS en 1981 qui oblige les communistes à rejoindre François Mitterrand. Et c'est faute d'avoir entretenu et renouvelé le principe de cette union que François Mitterrand a permis son délitement.

Le candidat à la présidentielle poursuit concrètement sa démonstration avec les partenaires principaux de 2011, les écologistes. En refusant de céder sur l'abandon de l'EPR de Flamanville, François Hollande affichait sa force, au risque de voir Europe Écologie-Les Verts quitter la table des négociations.

Cette éventualité ne l'effrayait pas outre mesure, puisque à ses yeux, la véritable coalition pouvait s'opérer plus tard, entre les deux tours de la présidentielle, puis des législatives. C'est à ce moment-là seulement que s'évaluerait le rapport de force, et que se définiraient les contours et le contenu de la majorité présidentielle.

François Hollande avait ce calendrier en tête quand, à la fin du mois de novembre 2011, il a affirmé qu'il n'appliquerait que les « mesures essentielles » de l'accord PS-Europe Écologie-Les Verts. Ce document avait été signé « par des partis », insistait François Hollande, en soulignant le fait qu'il était candidat à la présidentielle.

Les écologistes français, militants et électeurs, ne comprennent pas forcément cette vision hollandaise du compromis. Les socialistes ont plutôt habitué les Verts à négocier très cher leur minorité de blocage, leur surestimation se justifiant par leur pouvoir de nuisance. Cette jurisprudence qui surévalue le poids des Verts date de 1992. La gauche avait perdu la majorité absolue dans le Nord-Pas-de-Calais, l'apport des écologistes était indispensable au PS pour conserver la Région. Courtisés dans le même temps par la droite, les Verts avaient fait monter les enchères. Les socialistes l'avaient emporté en offrant la présidence de la Région au groupe arrivé en troisième position.

Le consensus défini par François Hollande n'accorde pas la majorité aux groupes charnière. Chacun compose à proportion de son influence. Quand les écologistes ont voulu lancer un ultimatum au PS, lors de la négociation du fameux accord de 2011, Michel Sapin, qui représentait le candidat, leur a rétorqué que « normalement, l'ultimatum [était] lancé du plus fort vers le plus faible ». Autrement dit, les Verts, moins forts que les socialistes, avaient le plus à perdre, et pas l'inverse.

Sur le fond, François Hollande, lui, s'en tient à sa position, qu'il juge médiane et donc excellente pour permettre d'établir le compromis. Réduire de 75 % à 50 % la part du nucléaire dans la production d'électricité en 2025, cela représente le même effort que les Allemands pour passer de 22 % à 0 %. « Bien sûr que l'on pourra aller plus loin », s'exclame le candidat lors de l'émission Radio France Politique en octobre 2011. Mais selon lui, que l'on envisage la sortie définitive du nucléaire dans plusieurs dizaines d'années ou sa réduction temporaire, pour donner le temps aux chercheurs de mieux garantir sa sûreté et de trouver des énergies alternatives peu coûteuses dans un premier temps, ces deux objectifs passent par le même point, la réduction en 2025. Cette étape ne ferme donc aucune porte dans le long terme, toutes les solutions restent possibles. C'est une étape acceptable par tous. « Donc, ma position permet le compromis ! » se réjouit François Hollande, un petit air victorieux au coin de l'œil.

Cette approche du compromis gradué et instauré sur la durée traduit une vision très hollandaise. L'ancien premier secrétaire estime que seul ce consensus évolutif prépare l'installation durable de la gauche au pouvoir. Il ambitionne de rompre avec la tradition selon laquelle la gauche ne reste jamais plus d'une seule mandature aux manettes de l'État. La posture de la droite, pour laquelle la gauche arriverait toujours au pouvoir par « effraction », l'insupporte. Non ! La gauche au pouvoir n'est pas illégitime. Le pouvoir n'est pas dû à la droite, s'insurge toujours François Hollande. La gauche doit désormais être en capacité de s'installer solidement à la direction de l'État, et pas seulement pour de courtes parenthèses de deux à cinq ans.

Rêve du gamin révolté par les rentiers ?

Gentille utopie d'un éternel naïf ?

Parfois François Hollande rêve. Il rêve qu'il est à l'Élysée. Il y a beaucoup de bruit autour de lui.

11

LA MÉTAMORPHOSE DU GENTIL

C'est un mercredi, dans le studio de la Chaîne Parlementaire, LCP, le 11 mai 2011.

Personne ne le sait encore, mais dans une poignée de jours, la vie politique de Dominique Strauss-Kahn va s'arrêter net, à New York.

Ce 11 mai 2011, à Paris, le directeur du FMI est toujours considéré comme le meilleur candidat que les socialistes puissent aligner pour contrer Nicolas Sarkozy. Le fait est acquis, sondages à l'appui. DSK lui-même est décidé. Le champion médiatique a mis plusieurs rédactions parisiennes dans la confidence, histoire de les impliquer dans sa stratégie bien ciselée, malgré quelques faux pas. (Contrairement à François Hollande qui revendique sa normalité et se déplace au guidon d'un scooter, Dominique Strauss-Kahn s'est bêtement fait photographier montant à bord de la luxueuse Porsche de son ami Ramzy Khiroun, par ailleurs conseiller en communication.)

Dans le studio de la Chaîne Parlementaire, à l'Assemblée nationale, après l'enregistrement d'une longue interview, François Hollande explique tout tranquillement aux quelques journalistes présents qu'il est convaincu de pouvoir battre Dominique Strauss-Kahn à la primaire socialiste.

Lui aussi regarde les courbes des sondages. Mais ce qu'il remarque ne tient pas dans l'avance du directeur du FMI, mais dans la réduction de l'écart entre le favori et lui-même. « J'ai réussi à installer l'idée d'un duel entre lui et moi », se rengorge l'ancien premier secrétaire. Il apparaît étonnamment sûr de lui. Très tranquillement persuadé de sa victoire. Les courbes se rapprocheront, elles se croiseront, François Hollande en est convaincu.

Il est certain d'être le bon candidat contre Dominique Strauss-Kahn, et ensuite Nicolas Sarkozy. Qu'il se trouve face à l'un ou face à l'autre, son créneau demeure, car aux yeux des Français, DSK ou Sarko symbolisent tous les deux le « bling-bling ». Chacun offre l'image d'un mariage heureux avec une star, Anne Sinclair pour l'un, Carla Bruni pour l'autre, les deux couples fréquentent la jet-set, ils ont l'argent facile, ils évoluent dans un monde à mille lieues de celui de leurs électeurs. À l'inverse, Hollande avec son profil de gentil possède toutes les caractéristiques de l'homme normal, s'inscrivant dans une vie normale.

« Si j'ai annoncé ma candidature, explique le futur candidat, c'est parce que j'étais convaincu que je pouvais être choisi pour être le prochain président. » Le ton est assuré et mesuré. Sans aucune emphase. François Hollande énonce sa certitude.

Il est convaincu que cette fois-ci, pour lui, c'est le moment. « Il était prêt », affirment ses plus proches.

Il a produit les efforts nécessaires, notamment sur son aspect physique, en perdant beaucoup plus de dix kilos ; il se montre plus attentif à sa façon de s'habiller. Un jour de 2009, il regarde l'une de ses camarades socialistes à la tribune, et glisse à Stéphane Le Foll : « Tu as vu comme elle est mal habillée, ça donne une mauvaise image quand même… »

Stéphane Le Foll, qui depuis des années essaie d'intéresser son ami François à son allure vestimentaire, saute sur l'occasion : « Ah oui ? Ben toi, c'est pareil. Si tu veux aller jusqu'au bout, il faut que tu portes un regard sur toi. Tu es bien plus fort que les autres. Le problème, c'est le regard que tu portes sur toi-même. Tu es le meilleur en stratégie politique. Mais tes lunettes, ce sont des hublots. Tes costars, ils ont les manches qui remontent. Si tu veux te présenter devant les Français, il faut que tu sois nickel. »

François Hollande entend l'argumentaire, il accepte de fournir les efforts nécessaires. Après tout, François Mitterrand avait bien daigné faire limer ses canines. François Hollande consent à corriger son look, il travaille même son élocution, mais en prenant soin de rester lui-même, il refuse de construire un personnage qu'il n'est pas. Il est presque banal, il veut le demeurer. Il est normal, et il considère qu'aujourd'hui, dans cette présidentielle, c'est sa force. « Il est le seul homme politique qui n'ait pas besoin d'une psychanalyse », assure une chargée de communication socialiste.

Il n'a jamais entretenu de doute sur sa capacité ou sur la justesse de sa vision et de ses propositions. L'enjeu s'avère plus intime finalement : il porte sur lui-même. En 2007, l'image du premier secrétaire, forcément rassembleur et collectif, lui collait aux basques. Il y avait perdu ses compétences, il ne représentait plus qu'un appareil. Il apparaissait comme un homme sans idées, sans personnalité, sauf sa propension à éviter les conflits. Il s'était laissé dévorer par la fonction. Il en avait conscience, il lui fallait « se retrouver lui-même, se libérer de ce passé de premier secrétaire[1] ».

Ce jour de mai 2011, François Hollande a désormais changé de statut, pas encore aux yeux de l'opinion, mais dans son for intérieur. L'un de ceux qui a beaucoup conversé avec lui de la nature de l'élection présidentielle l'explique ainsi : « Il est enfin sorti d'une idée assez répandue chez les socialistes, selon laquelle la présidentielle c'est mal. Il a accepté le fait que le président est le patron. »

Pour comprendre le sens de cette analyse, il faut observer le mode de fonctionnement du PS, tel

---

1. Hélène Fontanaud, Sophie Landrin, *Les meilleurs ennemis, les coulisses de la primaire socialiste*, Fayard, 2011.

qu'il a été créé en 1971 à Épinay par François Mitterrand. Il s'affiche comme un parti de culture parlementaire, les alliances entre courants déterminant une majorité et une opposition. Le premier secrétaire est issu de la majorité, mais chacune des sensibilités est représentée à la proportionnelle du vote des militants, dans les instances dirigeantes. Les grandes orientations sont discutées et validées par ces courants. Sans cette majorité, le premier secrétaire se révèle sans pouvoir.

Mais comme la Cinquième République, le PS a introduit l'élection de son numéro un au suffrage universel direct. Le premier secrétaire est choisi parmi tous les militants de la même façon que le chef de l'État est désigné par le vote des Français. La présidentialisation du parti a suivi celle de nos institutions. Or, depuis le départ de François Mitterrand, le Parti Socialiste est mal à l'aise avec cette culture du chef. Il préfère distinguer son premier secrétaire de son champion à la présidentielle. Depuis 1995, le candidat socialiste à l'Élysée n'a jamais correspondu au numéro un du parti. Henri Emmanuelli tenait la rue de Solférino en 1995 quand Lionel Jospin a été désigné candidat. François Hollande dirigeait le parti en 2002 et en 2007, lors des candidatures Jospin puis Ségolène Royal.

Les primaires citoyennes renforcent encore cette présidentialisation en offrant au candidat de 2012 un corps électoral plus large que celui de la première secrétaire. Le vainqueur est bien investi d'une légitimation personnelle, sur son nom, puisque sa personnalité est la seule chose qui puisse lui permettre de se distinguer au milieu de candidats ayant validé le même projet.

Mais les institutions socialistes ont évolué plus vite que la culture politique de leurs cadres. Martine Aubry n'a pas réussi à se défaire de ce complexe, elle n'ose pas parler en son nom personnel. L'ancienne première secrétaire est restée porteuse du projet qu'elle avait fait adopter par le collectif. Ses attaques directes contre la « mollesse » ou le « flou » de l'homme François Hollande l'ont pénalisée, dans une certaine mesure, parce que ses mots agressifs contredisaient cette posture de garante du travail commun. Martine Aubry se voulait la gardienne d'une unité qu'elle griffait à coups de petites phrases acides contre François Hollande.

François Hollande, lui, ne subissait plus ces contradictions. À force de se questionner sur son manque de charisme, il a accepté de ne plus se montrer modeste. Il a intégré l'idée de ne plus devoir dissimuler son ambition. Il assume la vanité qui consiste à prétendre incarner et représenter l'aspiration d'un collectif à lui seul. Pour quelqu'un qui a toujours avancé caché pour aller loin, l'évolution est de taille.

Non qu'il s'interroge sur sa capacité. Plusieurs de ses proches le susurrent : « Il n'a pas de doute sur le fait qu'il est au-dessus du lot. » Mais, François Hollande camoufle depuis si longtemps son immense appétit de pouvoir derrière sa gentillesse rieuse qu'aujourd'hui, il vit une véritable révolution culturelle intérieure.

La mue se manifeste par la gravité, c'est-à-dire la perte de sa jovialité, et la mise sous tutelle de son humour. Il maîtrise beaucoup mieux ses reparties. Il évite les saillies impulsives et parfois blessantes ou qui peuvent être mal comprises. Son ironie constitue désormais une arme intentionnellement réservée à l'esquive des questions auxquelles il préfère ne pas répondre.

Ce travail intérieur, effectué en toute conscience, nous l'avons dit, François Hollande a voulu le manifester à l'extérieur, en affinant sa silhouette. Plutôt que de démontrer sa mue dans des discours, il a tenu à l'affirmer par l'image. Inconsciemment, les électeurs ont intégré l'idée qu'il avait changé. Paradoxalement, en perdant des kilos, l'ancien premier secrétaire a lesté son profil présidentiel d'une volonté qui, jusque-là, était supposée lui faire défaut.

Mais la presse et ses adversaires ricanent encore. François Hollande reste le petit chose. Même absent de France, Dominique Strauss-Kahn prend toute la lumière. Et quand il vient à Paris et rencontre secrètement François Hollande, au début du printemps 2011, il s'agace de l'insolence du Corrézien. Par sous-entendus, très sûr de lui, il menace le rétif : à la fin de la primaire, il sera trop tard pour renoncer, il n'y aura plus aucun poste éminent à distribuer. François Hollande ne dit même pas s'il a été vexé de cette arrogance, il se sent loin de ces sentiments mesquins.

Devant ces quelques journalistes, il poursuit sa démonstration : les Français sont fatigués de ce genre d'hommes politiques au brio flamboyant. Ils veulent quelqu'un de normal, comme lui, et il gagnera cette primaire, il y croit dur comme fer. Il apparaît tellement sûr de lui qu'un de ses interlocuteurs choisit de le provoquer un peu : la bulle Dominique Strauss-Kahn va donc se dégonfler dès son atterrissage à Paris, Dominique Strauss-Kahn va s'incliner et retirer sa candidature ? « Ah ! mais je ne veux pas qu'il renonce, je veux le battre. Les courbes s'inverseront dans les dernières semaines, à l'automne, juste avant le vote », prédit François Hollande.

Les choses se déroulent autrement. Dominique Strauss-Kahn renonce pour des raisons inimaginables. Les socialistes sont sidérés. La froideur de François Hollande fait exception. Il se tient totalement à l'écart de cette affaire. À la réunion du Bureau national, au cours de laquelle Martine Aubry a les larmes aux yeux en pensant aux images de Dominique Strauss-Kahn menotté, encadré de policiers, la retenue de François Hollande choque. Il n'évoque que des enjeux politiques, la campagne présidentielle n'a pas disparu, les attentes des Français non plus. En réalité, le candidat est plus ébranlé qu'il y paraît, mais essentiellement pour des motifs politiques. Il voulait coiffer Dominique

Strauss-Kahn au poteau, en réveillant son costume bling-bling et en le poussant sur son flanc droit. François Hollande se retrouve lui-même déporté à droite, par une Martine Aubry qui ne se situe pas dans le registre de la jet-set. François Hollande est un peu désarçonné, sa campagne se poursuit dans un léger flottement.

Martine Aubry prend trop de temps à se déclarer. Encore engoncée dans son carcan de première secrétaire, elle attend la date officielle, le 26 juin, pour annoncer qu'elle relève le défi. Tenue par le pacte qui la liait avec le directeur du FMI, elle est dans le rôle du challenger, elle doit démontrer sa légitimité de candidate, face à François Hollande qui bénéficie de l'avantage des sondages. Par petites touches, François Hollande et les siens s'emploient à discréditer la démarche de la maire de Lille. Elle ne serait qu'une candidate de substitution à Dominique Strauss-Kahn, une candidate « faute de mieux ». Puisqu'il occupe désormais la position de favori, François Hollande assume, et s'efforce de s'approprier les attributs présidentiels.

Distancée par François Hollande, Martine Aubry ne peut le rattraper que par un coup d'éclat. Elle s'ingénie à le débusquer, à le contraindre à sortir de sa panoplie trop lisse. Elle veut saper la stature présidentielle qu'il tente de se forger. Elle le titille, le provoque, en vain.

François Hollande a trop réfléchi à sa posture pour y renoncer. Certain de sa force, il a théorisé la campagne présidentielle ; le candidat doit incarner son projet ; son attitude dans la campagne préfigurera son futur comportement à l'Élysée. L'obligation de cohérence devient impérative, d'autant plus que désormais, chaque phrase, chaque geste du candidat est gravé dans la mémoire d'Internet. « Tout ce que je dis m'engage. Ce que je montre est une forme de révélation de ce que pourra être ma pratique du pouvoir », expliquait François Hollande à la fin de l'été 2011 à La Rochelle.

L'homme de la « synthèse molle » de novembre 2005 assume son étiquette de rassembleur, il veut donc s'imposer comme le faiseur de consensus, celui qui unit la famille des candidats. Il se livre à cet exercice lors du deuxième débat de la primaire socialiste. Il ignore les attaques personnelles et ne relève que les points de convergence, se débrouillant pour être le dernier à parler.

La stratégie s'avère moins payante qu'il ne l'espérait. À l'issue du premier tour, l'écart entre le favori et Martine Aubry n'apparaît pas décisif. François Hollande se rattrape en provoquant habilement les ralliements. Il cherche toujours à préfigurer le mode de fonctionnement qui serait le sien à l'Élysée, loin des pratiques d'appareil habituelles dans un parti politique : au lieu de marchander des postes comme autant d'influences internes, il offre de la considération à ses adversaires du premier tour, sans rien renier de sa posture initiale. Il rend hommage à Arnaud Montebourg, qu'il traite avec respect mais sans se plier à ses sommations. L'homme aux 17 % tergiverse, comme s'il ne savait plus comment manier un sac de voix trop lourd pour lui. Ségolène Royal se montre plus vive, malgré la mortification de son score de 7 %. L'ancienne candidate est effondrée, cinq ans après une défaite qu'elle croyait prometteuse, la fin de l'histoire s'achève dans l'humiliation. Mais François Hollande lui procure une sortie digne et stimulante. Dès sa première intervention publique, le dimanche soir, il valorise l'action de la vaincue du jour, il réhabilite le bilan de l'ancienne candidate, en jugeant que les idées fortes de Ségolène Royal se sont installées dans la pensée politique. Le lendemain du vote, comme tous les autres, il va la voir, mais il fait dire l'inverse. Ses lieutenants assurent alors que tout s'est réglé par téléphone, le contenu de ce tête-à-tête, le premier depuis plusieurs années, doit rester entre eux. Ségolène Royal comprend qu'en choisissant François Hollande elle peut transformer le plomb de la défaite en or, ou au moins en un geste brillant et gratifiant. Elle choisit François au nom de l'efficacité politique, il sort en tête du vote militant, il apparaît le mieux placé pour battre Nicolas Sarkozy. Elle crée la dynamique du second tour. Le coup est rude pour Martine Aubry, elle n'imaginait pas que Ségolène soutiendrait son ancien compagnon. Mais Ségolène Royal a réagi en femme politique, en taisant son amertume personnelle, et en se projetant vers un avenir dans lequel elle se dessine déjà un rôle. Pour François Hollande, ce ralliement rapide est décisif le conforte dans son rôle de rassembleur, dont il aura besoin en 2012. Si Ségolène Royal avait rejoint Martine Aubry, la partie eût été autrement plus difficile pour le Corrézien.

Pour satisfaire Ségolène Royal, François Hollande a sacrifié les ambitions parlementaires de son ami, Olivier Falorni, à La Rochelle ; la main du candidat s'est exécutée sans trembler. Nous avons déjà évoqué cette insensibilité apparente. Elle ne constituait pas une exception, la composition de son équipe de campagne est dominée par la même distance, ses ennemis diraient : le même cynisme.

Pour organiser les troupes qui mèneront la bataille présidentielle à ses côtés, François Hollande choisit parmi les anciens soutiens de Martine Aubry. Sur quels critères ? La version gentille dira que François Hollande se détermine avec intelligence et mansuétude, en fonction des talents, en oubliant les petites phrases de la primaire. La vision plus prosaïque y verra un calcul politique d'une lucidité effrayante. François Hollande distribue des titres et des fonctions, plus ou moins concrètes, selon la capacité de nuisance de chacun. À l'exception de Manuel Valls, ancien porte-parole de Matignon chargé de la communication de la campagne, les anciens candidats à la primaire, les rivaux directs de François Hollande, se retrouvent dans une structure spéciale, à hauteur de leur rang. Une sorte de conseil politique prestigieux.

Le candidat forge un critère d'embauche personnel : plus les amers sont talentueux et plus ils doivent être occupés. Laurent Fabius, que François Hollande n'apprécie guère et dont il se méfie toujours, est prié de continuer à travailler sur la première année législative d'un programme hollandais qui n'a pas été dévoilé. « Ses réflexions sont très intéressantes et très utiles », assurent les thuriféraires du candidat, l'air pénétré.

Jack Lang, qui a failli passer chez Nicolas Sarkozy et qui s'en est abstenu faute de proposition de l'UMP, ne sera pas le « Éric Besson » de 2012. Connu pour son verbe élégant jamais en panne de superlatifs, il est chargé de tresser les louanges du candidat auprès de tous les représentants d'institutions qui sollicitent de l'attention.

Totalement tendu vers son objectif élyséen, François Hollande est capable de passer par-dessus son amour-propre. Il entend confier à Guillaume Bachelay la rédaction des argumentaires et des ripostes. Cette ancienne plume de Martine Aubry, très proche de Laurent Fabius, devra trouver les formules choc pour attaquer Nicolas Sarkozy et les autres adversaires de François Hollande. « Mais enfin, protestent des amis de François, c'est lui qui a trouvé les pires surnoms contre toi… » La réponse du candidat, sans états d'âme, tombe de façon définitive : « J'en ai rien à f... Il vaut mieux qu'il utilise

ses talents contre Nicolas Sarkozy que contre moi. »
Guillaume Bachelay a inventé deux formules particulièrement cruelles sur François Hollande :
« Gauche molle » et « Guimauve le Conquérant ».

Puisque l'on vous dit que François Hollande
n'en a plus rien à f… ! Il prépare son installation
à l'Élysée. « Plus personne ne peut l'attraper »,
constate l'une de ses proches, sur l'essentiel, il sait
ce qu'il veut et comment y aller, il ne sera possible
de l'influencer qu'à la marge. Un autre de ses
conseillers actuels précise : « On le dit gentil et
mou, en réalité, il est réfléchi et têtu. Il écoute, on
peut dire ce qu'on veut, mais une fois qu'il a décidé,
il ne bouge plus. » Durant ce mois de juin 2009,
où il a lancé le processus devant le mener, selon
lui, à l'Élysée, François Hollande s'est construit une
solitude, remarquent ses amis. Il ne s'agit pas d'un
isolement, mais d'une imperceptible retenue, d'une
gravité intime, celle de celui qui se destine au pouvoir.

Au début d'une interview télévisée, le 11 mai
2011, la régie demanda au studio : « Pour le synthé,
on met quoi ? Député de Corrèze, ancien premier
secrétaire, ou candidat à la primaire socialiste ? »
François Hollande, qui avait entendu l'interrogation, répondit d'une voix ferme : « Le vainqueur. »
Autour de lui, les journalistes le regardèrent, un
peu surpris par tant d'aplomb. C'est seulement à
ce moment-là que le Corrézien se décida à sourire.

12

LES ABANDONS SECRETS

François Hollande serait donc « trop gentil », mais il n'a jamais été affublé de l'imperfection qui va de pair avec ce défaut, à savoir l'inconstance. Les gentils se soumettant facilement à la volonté des plus forts, ils manqueraient de caractère, et renonceraient souvent. Ce travers n'affecte pas François Hollande, il n'est pas décrit comme un velléitaire, ayant envisagé d'abandonner la vie politique quand l'avenir se dérobait.

Sans doute parce que le succès enjolive les histoires.

L'itinéraire d'un vainqueur se raconte invariablement par une suite d'obstacles qu'il a toujours su franchir, sans jamais perdre de vue son ambition. Le candidat socialiste, que l'on n'attendait pas un an auparavant, ne fait guère exception à la règle. Cet éternel optimiste n'aurait connu que de rares et brefs instants de découragement. La réalité n'est pas aussi linéaire ; François Hollande a bien failli renoncer à la vie politique, par deux fois au moins.

La première déconvenue date de 1993. Le député de Corrèze est balayé par la gifle électorale qui sanctionne les dernières années du second septennat de François Mitterrand. François Hollande n'a que trente-neuf ans, il fait le bilan de son parcours de touche-à-tout : après cinq années dans les allées du pouvoir socialiste, après cinq autres années au Palais-Bourbon, il peut bien réorienter sa carrière. L'année précédente, Pierre Bérégovoy est devenu Premier ministre, Lionel Jospin a quitté le gouvernement au moment où Bernard Tapie y entrait ; en décembre, le congrès du PS à Bordeaux a été secoué par l'inculpation, ès qualités, de son ancien trésorier, Henri Emmanuelli, dans le cadre du financement du parti avant 1990. L'horizon des socialistes apparaît des plus sombre ; la jeune génération ne parvient pas à y croire ; avec d'autres députés élus en 1988, François Hollande signe une tribune révélatrice : nous ne méritons pas la défaite, plaident ces quadras en plein désarroi. Après la déroute de 1993, François Hollande ne siège même plus au comité directeur du PS.

Il réfléchit, il s'efforce d'analyser sereinement la situation, il en parle avec sa compagne, Ségolène Royal, qui, elle, a été réélue dans les Deux-Sèvres. Ils envisagent un avenir où elle resterait en politique, et lui s'investirait ailleurs ; il ne sait pas vraiment où, d'ailleurs. Pour le moment, il réintègre la Cour des comptes.

Une seule petite lueur scintille dans cet horizon plombé, le club Témoin cofondé avec Jacques Delors ; François Hollande en devient le président en avril 1993. Deux mois après son échec électoral à Tulle, il organise un meeting des « deloristes » à Nancy. Enfin, les « deloristes », c'est le nom qu'ils entendent se donner, mais Jacques Delors ne veut pas personnaliser leur action commune. S'il a demandé à appeler « Témoin » le club de réflexion qu'il a fondé avec François Hollande et ses amis, c'est bien parce qu'il est décidé à leur transmettre le relais, les aider à progresser dans leurs réflexions politiques, certainement pas pour réunir une écurie interne au Parti Socialiste ! Jacques Delors passe un savon à son protégé : « Cessez de vous faire appeler les deloristes ! » L'avertissement vient un peu tard. Martine Aubry s'est déjà heurtée au mur des hollandais deloristes. Convaincue que François Hollande se servait de son père pour sa promotion personnelle, elle avait adhéré au club Témoin en 1992 avec sa copine Élisabeth Guigou, pour en maîtriser les éventuels débordements. En 1993, elle lance une offensive visant à prendre le contrôle de l'association, contre François Hollande, mais sa tentative est vouée à l'échec, la structure est verrouillée par les amis du Corrézien. La fille de Jacques Delors ne l'oubliera jamais : aux yeux de sa future rivale de 2011, François Hollande représente un être sournois et dissimulé, qui a utilisé son père comme un levier pour sa carrière politique.

L'intention de François Hollande n'était pas forcément aussi univoque : la notoriété acquise par le sage de Bruxelles en France, grâce notamment à François Hollande, a bien servi l'action du président de la Commission européenne. Toujours est-il qu'avec ou sans l'aval de Jacques Delors, le delorisme devient un concept d'avenir, les soutiens militants affluent et François Hollande décide finalement de rester en politique.

Le second épisode du « renoncement » intervient en 1995. Au bout du compte, Jacques Delors a refusé de concourir pour la présidentielle. Lionel Jospin, qui a relevé ce défi, est battu par Jacques Chirac. Devenu patron du PS, avec pour seul titre celui de conseiller général de Cintegabelle, Lionel Jospin propose à François Hollande, simple conseiller général de Corrèze, de prendre la fonction de porte-parole. Les deux hommes remarquent en souriant la pauvreté de leur CV ; à une différence bien minime, François Hollande, qui a été défait à Tulle au scrutin communal, bénéficie cependant d'un mandat de conseiller municipal d'opposition. Une nouvelle fois, François Hollande est en proie au doute. A-t-il vraiment bien fait de s'obstiner à labourer le terrain électoral en Corrèze, fief du président de la République, le RPR Jacques Chirac ? Ses amis s'inquiètent pour lui : « Ça va être très difficile pour toi là-bas, regarde si tu ne peux pas aller ailleurs », lui propose Lionel Jospin. Daniel Vaillant, chargé de trouver des circonscriptions en mal de candidat, lui en dégotte plusieurs, dont l'une en Ariège, qui serait plus sûre que celle de Tulle. Mais François Hollande hésite à abandonner la Corrèze. Cela fait maintenant quinze ans qu'il s'investit dans ce département, quinze ans qu'il a noué des liens avec les militants et même ses opposants là-bas ; lui qui est attaché aux lieux, aux rites familiaux, sait qu'il décevrait des bénévoles dévoués en les quittant pour une circonscription supposée plus facile. Il s'accorde du temps, et décide de ne rien décider avant les élections législatives prévues l'année suivante, en 1998. Pour mieux évaluer ses chances, François Hollande commande un sondage à Tulle ; il est donné vainqueur à 53 % contre 47 % ; il refuse l'Ariège. Le test est encourageant en Corrèze, mais François Hollande préfère envisager le pire.

Cette façon de procéder est typique de son mode de fonctionnement ; avant d'arrêter une décision, il veut être assuré d'avoir exploré toutes les pistes possibles, il entend ouvrir toutes les portes avant de choisir son chemin. Ce processus exige du temps, et oblige à passer par une interminable phase d'incertitude. Cette période d'instabilité ne perturbe pas François Hollande, il a même tendance à la prolonger plus que de raison parfois. Mais ce balancement inquiète souvent ceux qui participent à la prise de décision avec lui, et

angoisse ceux qui espèrent ou redoutent son juge-
ment. Finalement, après une si longue attente, le
choix paraît s'imposer à lui, plutôt que l'inverse,
d'où cette réputation d'indécis. D'autant que les
fonctions de François Hollande ne l'ont jamais mis
dans l'obligation de devoir réagir seul, et immédiatement, à une situation d'urgence imprévue. D'une
part parce qu'il essaie toujours d'anticiper l'inattendu, d'autre part parce que ses « parrains », François Mitterrand, Jacques Delors ou Lionel Jospin,
assumaient publiquement cette responsabilité. La
campagne électorale de 2012 constituera l'occasion
de mesurer cette compétence.

En 1997, suivant ce protocole personnel du long
balancement, François Hollande maintient ouvertes
deux portes de sortie : l'une s'oriente vers la poursuite de la politique en 1998, s'il est élu comme
semble l'indiquer ce sondage ; la seconde, vers le
passage à la vie civile, s'il est battu. Pour bien préparer ces deux éventualités, en janvier 1997, François Hollande se met en disponibilité de la Cour
des comptes, et rejoint le même cabinet d'avocats
que son vieil ami Jean-Pierre Mignard. Son passé
de parlementaire ainsi que la formation acquise à
HEC lui assurent la compétence nécessaire pour
traiter quelques dossiers ; Me François Hollande
établit plusieurs diagnostics financiers pour des col-
lectivités locales. L'expérience est juste destinée à
évaluer sa capacité de reconversion dans ce secteur.
Pendant ce temps, François Hollande continue de

sillonner sa circonscription tous les week-ends. Prévu pour durer au moins un an, ce « stage en entreprise » se résume à quelques mois seulement ; le 21 avril 1997 Jacques Chirac, le maître de la Corrèze, dissout l'Assemblée nationale. Le député Hollande effectue son retour au Palais-Bourbon avec un an d'avance sur son calendrier. Le sismographe[1] de l'instant n'avait pas imaginé ce tremblement de terre, mais il s'était doté des moyens d'y résister.

Le troisième grand renoncement de François Hollande est d'une autre nature. Il marque une rupture dans sa vie, mais ne constitue pas pour autant un abandon de la scène politique. On s'en souvient, en 2007, il jette l'éponge mais uniquement pour le match présidentiel. François Hollande recule de façon progressive, jamais définitive.

Depuis le référendum de 2005, le compagnon de la Madone sait qu'il n'est plus en situation pour briguer l'investiture présidentielle, mais il se croit capable de créer les conditions propices à son retour.

Ségolène Royal pense à sa candidature à la présidentielle depuis son accession à la présidence de la Région Poitou-Charentes en 2004. Elle n'en a rien dit à son conjoint, qui, de toute façon, ne prendrait pas forcément cette ambition très au sérieux. Ségolène Royal l'envisageait déjà en 1995,

---

1. Cf. chapitre 8, « Le gentil manager ».

il l'en avait alors dissuadée. Quand elle évoque publiquement son éventuelle candidature en septembre 2005, dans les colonnes de *Paris-Match*, Ségolène Royal y pose beaucoup de conditions, et notamment celle d'être encouragée par le PS, mais aussi par son compagnon : « Cela n'est possible que si François me sollicite et me soutient », assure-t-elle.

À ce moment-là, François Hollande ne paraît pas inquiet de cette rivalité ; interrogé sur la candidature de Ségolène Royal qui deviendrait tellement crédible que sa compagne ne pourrait plus renoncer au profit de son conjoint même si elle le souhaitait, François Hollande sourit : « Ça m'étonnerait ; ça, ça m'étonnerait. » Il est d'autant moins convaincu de la solidité de la démarche de Ségolène que cette candidature lui semble prématurée ; l'histoire des précédentes campagnes présidentielles plaide pour des prétendants réellement investis par l'opinion, beaucoup plus tard. Pour l'élection de 1981, François Mitterrand a laissé Michel Rocard occuper l'espace médiatique avant de s'imposer, tardivement, en novembre 1980. En 1988, pour sa réélection, le président sortant s'est déclaré au mois de mars, laissant là encore Michel Rocard s'avancer et occuper le terrain. Avant le scrutin de 1995, Jacques Chirac s'est dévoilé en novembre 1994. Il n'a sollicité un second mandat qu'au mois de février 2002. François Hollande en est convaincu, la vérité des sondages de 2005 n'est pas celle de 2006, encore moins celle de 2007.

Un an plus tard pourtant, à l'automne 2006, le premier secrétaire s'incline devant la suprématie de Ségolène Royal. Fidèle à sa méthode, il aura attendu le dernier moment, sans fermer aucune porte. Il espère un coup de pouce de Lionel Jospin, qui ne vient pas ; il prévoit que la cote de Ségolène Royal va baisser, l'inverse se produit. Par principe, il ne fait rien pour décourager sa compagne, sa fonction de premier secrétaire lui interdit de démotiver ou encenser une candidature plutôt qu'une autre. Ce refus de contrer l'ambition de la candidate relève également de son caractère intime, il respecte la liberté de Ségolène Royal de solliciter l'investiture des militants. Une nouvelle fois, ce balancement passe pour de l'indécision, et provoque de nombreuses critiques à son encontre. Comme souvent avec le système d'élaboration du choix propre à François Hollande, la décision semble s'imposer à lui, sans qu'il la maîtrise réellement. Ses adversaires le jugent bien hésitant, ses amis le croient parfois trop passif, trop soumis à l'enjeu personnel de cet abandon face à celle qui sera bientôt, tout en l'étant déjà un peu, son ex-compagne.

Car l'histoire de ce renoncement est liée à celle d'un couple, dont la vie privée diverge douloureusement, et dont la vie publique se dissocie tout aussi douloureusement ; sans que personne ne puisse savoir si leurs objectifs politiques se concurrencent. Cet entremêlement du privé et du public les amène à une interrogation existentielle, le personnage public peut-il toujours accorder sa confiance à un personnage privé qui a écorné cette certitude ? « Bien sûr que non ! » se persuadent les proches de Ségolène Royal, convaincus que François se venge de celle qui lui a dérobé son ambition politique. « Bien sûr que non ! » décident les amis du premier secrétaire, convaincus que Ségolène est candidate pour lui porter atteinte. Si ces fidèles se contentaient de penser, de nourrir une opinion personnelle, ce serait déjà suffisamment désagréable, mais certains, pour accélérer le processus politique en faveur de l'autonomie de l'un ou de l'autre, alimentent la machine à rumeurs sur une séparation qui n'est pas encore officialisée.

Mais contrairement à ce que croient les confidents de Ségolène Royal, les sentiments et l'émotion ont une emprise très limitée sur François Hollande. En novembre 2006, juste avant la désignation de Ségolène Royal par les militants, le premier secrétaire envisage son avenir personnel en cas de victoire de la candidate socialiste à la présidentielle[1]. Il ne semble pas amer quant à son incapacité à porter les couleurs socialistes, il se projette aisément dans le futur. Il se verrait bien à Matignon une fois Ségolène Royal installée à l'Élysée ; le poste

---

1. Entretien avec l'auteur.

correspondrait à son profil d'ancien premier secrétaire. Mais il se ravise aussitôt, cette nomination n'est pas envisageable. L'impossibilité ne tient pas à la nature personnelle de leur relation, ils pourraient très bien travailler ensemble ; elle est seulement de nature politique : le sentiment que le pouvoir exécutif est partagé par un couple serait trop négatif. « Je serai très heureux comme premier secrétaire », poursuit alors François Hollande, qui sait qu'en cas de victoire, la rue de Solférino ne sera pas très convoitée. Il semble très philosophe. Plus tard, ses amis expliqueront que cette sérénité, ce détachement affiché relevaient de sa nouvelle vie privée. A-t-il envisagé de renoncer à la vie politique en cas de victoire de Ségolène Royal ? Tous ses amis le démentent fermement. La rumeur a pourtant circulé sur son éventuelle reconversion dans les instances européennes. François Hollande a lui-même infirmé formellement cette hypothèse auprès d'un proche.

Après l'échec de Ségolène Royal, et bien plus encore après le congrès de Reims, séparé officiellement de Ségolène Royal, heureux dans sa vie privée, l'ancien premier secrétaire François Hollande était libre de réunir les conditions qui le mèneraient à sa candidature à l'élection présidentielle de 2012.

13

MOI, JE VEUX

Ce jour-là, il n'y a pas plus seul au monde que lui. Il a cinquante-deux ans ; Ségolène Royal a été investie candidate ; ses enfants et ses amis entourent la Madone de la présidentielle ; il n'est qu'un premier secrétaire solitaire et suspect. Bien sûr, il fera tout pour aider celle que les socialistes ont désignée, mais ni le staff de Ségolène Royal, ni Ségolène Royal elle-même, ne lui accordent leur confiance ; ses critiques ne seront jamais entendues. Pire, elles ne feront qu'accentuer le soupçon qui pèse sur lui. Pourtant, il est bien placé pour savoir quelles sont les erreurs à éviter dans une campagne ! Il a suivi la pire de toutes, celle de Lionel Jospin en 2002 ; il a participé aux meilleures de toutes, celles de François Mitterrand en 1981 et 1988, et celle de Lionel Jospin en 1995. Mais sa parole ne vaut plus rien. Parfois, l'hostilité se traduit par des accrochages verbaux assez vifs, notamment avec l'entourage direct de Ségolène Royal. Il s'oppose vertement

167

à Nathalie Rastoin, chargée de la communication de la candidate. La presse relate les misères faites à Ségolène, par le premier secrétaire ou son équipe, comme une panne de sonorisation au moment où elle prend la parole lors d'un conseil national. S'il évoque une réforme fiscale, les papiers fourmillent de confidences des pro-Royal : François veut la faire perdre. Arrive un moment où cette tension devient insupportable : le premier secrétaire demande à Stéphane Le Foll de lui organiser de multiples déplacements en province. Confronté aux doutes politiques, François Hollande applique son remède miracle : rendre visite à toutes les fédérations socialistes. Il mène campagne pour la candidate, sur le terrain ; les militants se montrent toujours aussi chaleureux. Quand survient la défaite de mai 2007, il sait que ce lien avec la base n'a pas été rompu.

Mais après des élections législatives honorables, il faut envisager de tourner la page, et se préparer à abandonner la direction du parti. Ses amis le pressent d'installer l'un des siens à sa place, mais il doit compter avec Ségolène Royal ; elle aussi pourrait revendiquer la direction du parti. Le vieux réflexe hollandais fait son œuvre, François Hollande temporise, gagne du temps, laisse ouvertes toutes les possibilités.

Il n'est pas de bon ton de le dire aujourd'hui, mais certains de ses proches l'admettent : « Il était épuisé », « vidé », « un peu dépressif peut-être ». Les premiers jours de la Sarkozie triomphante ont été vécus comme un calvaire par les socialistes ; le nouveau président pratique l'« ouverture » ; il recrute parmi leurs camarades de parti : Bernard Kouchner, Jean-Marie Bockel (ancien du club Témoin) sont entrés au gouvernement. Mais le plus difficile à comprendre pour François Hollande à ce moment-là est la nomination de Jean-Pierre Jouyet : son ami intime a accepté le portefeuille des Affaires européennes. Certes le sujet fait partie des compétences de l'ancien directeur de cabinet de Jacques Delors, qui s'est toujours comporté en haut fonctionnaire plutôt qu'en politique, mais quand même ; François Hollande a du mal à trouver de bonnes raisons à ce ralliement. Cependant, il ne nourrit pas la même aversion envers son ami qu'envers Éric Besson. Le député de la Drôme est un traître, passé du PS à l'UMP entre les deux tours de l'élection ; le 24 avril 2007, il a commis l'affront de participer au meeting de Nicolas Sarkozy à Dijon, la ville de son ancien complice, François Rebsamen, et d'y scander « Forza Nicolas ! Forza Nicolas ! ».

Deux années plus tard, François Hollande finit par lâcher ce qu'il a sur le cœur à propos d'Éric Besson : « C'est un traître heureux. Il faut être sévère sur son comportement moral. Il a été capable de servir un idéal, puis d'en servir un autre, en contradiction sur bien des points avec le précédent. Il arrive à le supporter uniquement par le bonheur d'être au gouvernement de la France. Il vit avec une certaine jubilation sa trahison. »

En 2007, François Hollande en a donc gros sur le cœur. Mais il est toujours premier secrétaire, vilipendé, moqué, promis à l'oubli par ses rivaux rancuniers ; il doit organiser sa propre succession lors d'un nouveau congrès. Il s'entend avec Bertrand Delanoë, mais le maire de Paris réclame du temps, pour mener sa campagne des municipales à Paris. Le congrès aura lieu en novembre 2008 à Reims. Ce long délai a permis au front anti-Royal de se constituer ; car chaque ténor croit, plus ou moins secrètement, en ses chances en 2012. Mais aucun ne parvient encore à sortir du lot. Laurent Fabius, Dominique Strauss-Kahn, Martine Aubry, Bertrand Delanoë, tous s'observent du coin de l'œil, et partagent un premier objectif, éliminer Ségolène Royal. Les deux anciens ministres des Finances de Lionel Jospin, Laurent Fabius et Dominique Strauss-Kahn, s'entendent pour organiser la prise du parti par Martine Aubry. Ils parient sur une femme pour bloquer la Madone de la présidentielle de 2007.

Impuissant, François Hollande assiste passivement à ce congrès ravageur au cœur de la Champagne. N'a-t-il plus la force, n'a-t-il plus le goût, n'a-t-il plus d'intérêt pour ce parti, dont il fut le premier responsable pendant onze ans ? N'est-il pas tout simplement fatigué, vidé de lui-même, par cette décennie au cours de laquelle, sans perdre de vue son ambition, il a constamment parlé au nom des autres ? Il n'est plus François Hollande, mais un premier secrétaire usé, incapable de produire un discours personnel.

La question de son identité, celle que perçoivent les autres, François Hollande se la pose en toute lucidité. L'homme bénéficie de cette capacité à se transformer lui-même en objet de son analyse. Ses plus fidèles l'y aident, comme Stéphane Le Foll, qui le bouscule, Bruno Le Roux, Michel Sapin, l'avocat Dominique Villemot, André Vallini ou, plus discrètement, le président du groupe à l'Assemblée, Jean-Marc Ayrault, ou encore François Rebsamen et Jean-Pierre Bel, qui accueillent au Sénat les déjeuners du mardi, ces rencontres qui réunissent les derniers amis.

Petit à petit les soutiens reviendront. Mais dans un premier temps, François Hollande doit mener à terme le travail qu'il a entrepris sur lui-même. Comme les autres leaders du Parti Socialiste, il pense à la prochaine présidentielle, mais il doit d'abord comprendre pourquoi il a raté la précédente. « Il ne se dit pas : cette fois-ci, j'irai quoi qu'il arrive, décrit Michel Sapin, mais je vais créer les conditions pour y être. »

L'une des personnalités les plus présentes auprès de lui à cette époque est sa mère. Sa « militante la plus fidèle », selon l'expression de son cadet. Inlassablement elle le soutient, lui téléphone, passe le voir, glisse une tête dans le bureau d'un proche qu'elle encourage à aider son fils. Nicole Hollande est une femme de cœur, chaleureuse et gaie. Mais la maladie la gagne et elle s'éteint en janvier 2009. La peine de François Hollande est immense, son « plus grand regret[1] » est de ne pas avoir été présent le jour de la mort de celle qui lui a donné le goût de l'engagement politique. Comme souvent, la perte d'un parent génère de profondes réflexions sur soi-même, ses racines, son éducation, son parcours. Une lente maturation commence. Certains croient déceler dans ce deuil l'origine de la transformation de François Hollande ; « Il avait alors le devoir d'accomplir le rêve qu'elle caressait pour lui, devenir président de la République[2] », assure l'un de ses proches. D'autres sont plus circonspects sur cette version. François Hollande n'a jamais rien confié de la sorte. Il est si avare de confidences sur sa vie intime.

« Ce sont des fulgurances, une phrase, et il se referme aussitôt », explique Michel Sapin. François Rebsamen transforme cette pudeur en une vraie valeur politique : « François a le goût du secret, c'est la qualité des hommes d'État, François Mitterrand était comme ça. »

Pourtant, François Hollande finit par forcer sa « pudeur ». À partir de l'année 2009, il distille quelques confidences sur sa nouvelle vie personnelle. À l'automne de cette année-là, sur l'antenne de Canal+, l'ancien compagnon de Ségolène Royal

---

1. Interview au point.fr, octobre 2011.
2. Serge Raffy, *François Hollande, itinéraire secret, op. cit.*

avoue être « heureux dans sa vie personnelle ». Dans le magazine *Gala*, un an plus tard, auprès de la journaliste Constance Vergara, il s'avance davantage encore : « Une nouvelle femme est dans ma vie depuis plusieurs années, c'est vrai. » Le nom de sa compagne, Valérie Trierweiler, est officialisé : « C'est une chance exceptionnelle que de pouvoir réussir sa vie personnelle et de rencontrer la femme de sa vie. Cette chance, elle peut passer. Moi, je l'ai saisie », se réjouit le quinquagénaire. Mais le candidat potentiel à la présidentielle veut justifier l'ouverture de cette porte sur son intimité par des motivations politiques : « Je ne pense pas que l'exhibition soit la bonne attitude, pas plus que la confusion sciemment entretenue par certains entre la sphère privée et la sphère publique. Toutefois, je peux comprendre que les Français veuillent mieux connaître la personnalité de ceux qui les représentent. »

François Hollande a bien progressé, il parle désormais de lui-même et non plus pour représenter un collectif. Dans ce passage du « nous » au « je » réside la grande révolution intérieure de François Hollande. Pour en arriver à ce stade, il s'est livré à une profonde introspection sur l'origine de son échec.

François Hollande s'est persuadé qu'il avait été empêché de rejoindre la course présidentielle parce qu'il était précisément le premier des socialistes, identifié à leur parole commune. Depuis la cour de l'école primaire, où il voulait être chef de bande, jusqu'au collège où il prenait plaisir à représenter les élèves, François Hollande a toujours porté cette vocation. Mais après 2008, et son départ du poste de premier secrétaire, il comprend que la sollicitation de la fonction présidentielle nécessite la mise en avant de son identité personnelle. Une exigence qui s'impose sur sa vie privée, son allure physique, et le contenu de son discours.

Avec le fidèle Faouzi Lamdaoui, il se lance à nouveau dans un tour de France des fédérations depuis 2002, c'est au moins son cinquième. Ce militant socialiste a rejoint François Hollande en 2003. Né à Constantine, arrivé en France à l'âge de dix ans, cet ingénieur logisticien a été séduit par la « capacité d'écoute » du premier secrétaire. Un jour, Faouzi Lamdaoui se déclare à François Hollande : « Moi, je suis quelqu'un de fidèle, je suis avec toi, que tu sois en haut ou en bas. » Il ne le quitte plus. Il gère aussi bien les relations de l'ancien premier secrétaire avec la presse, que l'organisation de ses déplacements en province, s'occupe des réservations des billets de train, conduit François Hollande en voiture quand cet éternel pressé ne roule pas à scooter. Deux à trois fois par semaine, en dehors des week-ends à Tulle, ils partent au-devant des militants. La visite commence par un petit circuit en ville, pour prendre le pouls des commerçants ; s'ensuivent des rendez-vous avec les associations locales, et les journalistes du cru, puis se tient une rencontre conviviale avec les élus socialistes, et la journée s'achève par une réunion publique, conclue par un discours de François Hollande, émaillé des enseignements qu'il a tirés de ses discussions du jour. Ouf !

Au-delà de ses convictions de toujours, sur la réforme fiscale, l'engagement européen, la volonté de réindustrialiser le pays et d'améliorer la décentralisation, le discours de François Hollande s'étoffe sur l'éducation et l'écologie. Lors de ce tour de France de 2009, François Hollande prend conscience de l'inquiétude des Français pour l'avenir de leurs enfants et de leurs préoccupations concernant l'environnement. En 2010, il sillonne à nouveau la France, en balisant son parcours de discours plus structurés sur sa vision du « rêve français ». C'est sous ce titre que cette somme de textes est publiée à la rentrée 2011. Les grandes lignes de son projet présidentiel y sont exposées.

Ces tours de France successifs ont permis à François Hollande de reconstruire à la fois son identité et son bagage idéologique personnel.

L'un des artisans de cette mutation en résume l'objectif initial : « Quand les gens voyaient François Hollande, ils voyaient le premier secrétaire du Parti Socialiste. Il fallait réussir à ce qu'en François Hollande, ils voient un leader socialiste de premier plan. »

Il n'est plus le premier secrétaire, ni même l'ancien premier secrétaire, il est candidat à la présidentielle.

François Hollande refuse de reprendre ses habits de la rue de Solférino. Même quand la direction du PS de Martine Aubry refuse la circonscription qu'il brigue au même Faouzi Lamdaoui, François Hollande ne s'en mêle pas. Ces basses querelles d'appareil se régleront au fil du temps.

Le premier secrétaire disait « nous » en s'effaçant derrière les socialistes, François Hollande dit « je » en s'adressant à la France, devant les socialistes.

Au Q.G. de campagne à partir du mois de décembre 2011, selon son équipe, le candidat est plus autoritaire, plus exigeant. Les échanges durent moins longtemps, les rendez-vous sont chronométrés. « Il n'est plus en retard », s'émerveille Pierre Moscovici.

Quand un socialiste suscite la polémique, comme Arnaud Montebourg comparant la politique d'Angela Merkel à celle de Bismarck, qui suscita la guerre franco-allemande de 1870, François Hollande ignore la controverse. Il se rend au congrès du SPD, et plaide fermement pour une relation forte entre Paris et Berlin.

L'homme a son idée en tête, la sienne, et il s'y tient. Le gentil est devenu volontaire et imperméable au doute.

14

REFUSER DIEU

« Dieu a été et reste encore une facilité. »

C'est en réponse aux questions de Jean-Yves Boulic[1] que le premier secrétaire du Parti Socialiste s'explique longuement sur un sujet qu'il refuse généralement d'aborder.

François Hollande raconte avoir reçu une éducation catholique classique : communion privée, confirmation, communion solennelle ; élève au collège Saint-Jean-Baptiste-de-La-Salle à Rouen, il a servi la messe, chanté à la chorale et fait ses prières.

Même s'il se définit comme athée (« Je suis arrivé à ce point où ce qui s'impose, c'est la conviction que Dieu n'existe pas, plutôt que le contraire »), il se décrit comme porteur de certaines valeurs spirituelles, de ce qu'une religion peut « donner de mieux » : « Une générosité, le sens de l'autre, le

---

1. Jean-Yves Boulic, *Ceux qui croient au Ciel et ceux qui n'y croient pas, op. cit.*

souci du partage et, ajoute François Hollande, peut-être aussi une conscience plus aiguë du bien et du mal. »

Son éthique du sens collectif, de la solidarité, apparaît donc liée à la foi dans laquelle il a grandi, sous l'influence chaleureuse également de sa famille, et notamment de sa mère. Ces principes religieux constituent, d'une certaine façon, les fondements de l'action politique laïque de François Hollande ; ce qui en soi ne relève pas d'une forte originalité, chaque homme étant le produit de son enfance et de son éducation. Ce qui s'avère plus spécifique — dans ce qui semble régir la démarche de François Hollande vis-à-vis de la foi — se situe dans la façon dont il a décidé de se passer de cette croyance. Il ne rejette pas l'esprit de la foi, mais sa lettre ; il ne rejette pas ses valeurs, mais certaines de leurs consé-quences, au moment où il forge sa personnalité.

De quinze à dix-huit ans environ, l'élève du lycée Pasteur de Neuilly cherche sa voie sur le plan poli-tique autant que spirituel. Lesté de son bagage chré-tien et de son désir d'œuvrer pour le bien de la communauté en la représentant[1], François Hol-lande se questionne sur le moyen politique de son engagement.

Parallèlement à ce cheminement politique, Fran-çois Hollande s'interroge sur le sens de sa spiritua-lité. Comme bien d'autres adolescents, à cet âge de

____

1. Cf. chapitre 1, « Être le chef ».

grande introspection, il doute de tout, et par conséquent de l'existence de Dieu. Mais ce qui semble l'embarrasser davantage, ce sont les préceptes qui découlent de cette conviction. Croire en Dieu signifie croire au paradis, se persuader de l'existence d'un après prometteur, au-delà de la mort, au risque de se contenter d'un présent injuste.

Or, François Hollande a décidé qu'il ne convenait pas d'espérer un ailleurs meilleur, mais qu'il s'agissait au contraire de s'appliquer, dès à présent, à construire un bonheur partagé. « Nous donnons le meilleur de nous-mêmes sur terre, et nous le faisons aussi pour ceux qui nous suivront. Le paradis, c'est ici qu'il faut tenter le construire », dit-il. L'adoption de ce principe de vie le conduit à juger que l'« engagement est un instrument permettant de dépasser la contrainte inéluctable de la mort ». Certains en appellent à la foi pour accepter leur destin, François Hollande ignore la Faucheuse en cherchant son utilité personnelle sur terre.

Cette conclusion dénote un recours exigeant à la rationalité. De son point de vue, autant l'humour permet immédiatement de prendre de la distance vis-à-vis d'une situation embarrassante, autant le développement d'une analyse lucide favorise une meilleure lecture des enjeux politiques.

François Hollande revendique la rigueur et le réalisme : « Pour bien appréhender une situation, mieux vaut expurger tout ce qui provient de la passion, de l'emportement, parfois même des sentiments. Je préfère me fonder sur l'intelligence que sur l'intuition. »

François Hollande refuse l'émotivité, il est un animal à sang froid. Bien sûr, il peut s'abandonner à un mouvement de colère, comme en juillet 2006, quand certains journalistes qui suivaient la campagne de Ségolène Royal rapportèrent que la Madone des sondages songeait à se marier avec lui lors d'épousailles célébrées en Polynésie ; de rage, il jeta son téléphone à terre, mais se reprit très vite, en cherchant à comprendre l'origine de ces confidences hors sujet.

Plus récemment, lors de la primaire socialiste, quand Martine Aubry le traite de « gauche molle » ou de « candidat du système », déclenchant un satisfecit réjoui de Marine Le Pen, François Hollande ne cille pas. Il délivre l'analyse qui le rend insensible à ces attaques : « Martine a toujours eu besoin de taper sur quelqu'un pour avancer[1]. »

La raison de François Hollande lui recommande de se montrer réaliste, lucide, et optimiste. Confronté à un événement qui le blesse ou le contrarie, François Hollande ne se morfond pas, il cherche à en dégager une leçon positive.

En 1993, durant sa campagne électorale, François Hollande avait été très sévèrement pris à partie par les militants communistes de la manufacture

------

1. Entretien avec l'auteur.

d'armes de Tulle. En tant que député rapporteur du budget de la Défense, il avait mieux plaidé la politique globale du gouvernement que le sort personnel des salariés de sa circonscription. Mais le groupe de six cents hommes en colère, massés devant sa permanence, ne lui demandait pas une solution au cas par cas ; le visage fermé et l'œil rageur, ils l'accusèrent : « Tu es la droite ! Les emplois que tu promets ne resteront pas. » François Hollande fut d'abord désarçonné, il ne se sentait rien de commun avec la droite, puis il comprit son erreur, la décision parisienne concernant la manufacture de Tulle n'avait pas été suivie d'assez près, par lui-même. Dorénavant, il prendra toujours le temps nécessaire à l'explication de son action parisienne à Tulle ; il n'oubliera jamais de transcrire à son département les politiques élaborées dans la capitale. Quand il croise le regard, amical désormais, de l'un de ceux qui brandissaient le poing devant sa permanence, François Hollande esquisse un sourire heureux. Il a retissé le lien. Il se sent utile.

De la cour de l'école à la candidature à l'élection présidentielle, la motivation de François Hollande est restée la même : être utile.

Dans un récent ouvrage déjà cité[1], le philosophe Emmanuel Jaffelin s'efforce de définir la gentillesse ; elle s'identifierait à la qualité de rendre

---

1. Emmanuel Jaffelin, *Petit éloge de la gentillesse, op. cit.*

service. Dans cette acception, François Hollande, qui s'engage en politique pour être utile à la communauté, représenterait le prototype de l'homme gentil. Son obligeance n'accuserait pas une faiblesse, mais au contraire, une vertu fondée sur ce que ses adversaires peuvent dépeindre comme une utopie, voire une naïveté. Or, chez François Hollande, cette gentillesse résulte d'un choix rationnel, même s'il ne reprend pas le terme à son compte. Sa posture égale, sans aspérités, sans coups d'éclat, est volontaire. Elle ne convainc pas forcément de sa force, il le sait, et il l'assume.

15

LE CHAT ET LE COQ GAULOIS

Aurélie Filippetti sort de l'ascenseur vitré du troisième étage qui abrite les bureaux des députés socialistes. À peine l'élue de Moselle a-t-elle posé un pied dans le couloir qu'un grand éclat de rire masculin l'accueille. François Hollande, Michel Sapin et Stéphane Le Foll se congratulent, ils sont littéralement hilares.

— Alors là ! Chapeau ! Il n'y a que toi qui pouvais balancer ça à Martine. Nous, on n'aurait pas osé…, s'esclaffent les trois compères.

Qu'a déclaré Aurélie Filippetti de si réjouissant pour les adversaires de la maire de Lille à la primaire socialiste ? Sur le plateau du Talk Orange-*Le Figaro*, elle était invitée à commenter la formule de Martine Aubry, traitant François Hollande de « gauche molle ». « Il me semblait que l'on avait abandonné ce vocabulaire phallocratique », avait remarqué la jeune femme.

« Le phallus en ce siècle devient doctrinaire », assurait le poète Henri Michaux, disparu en 1984. La sentence semble encore d'actualité de nos jours. La députée Filippetti a soulevé l'un des enjeux de la bataille Aubry-Hollande, et peut-être aussi de la présidentielle de 2012 : l'opposition entre une attitude machiste et belliqueuse, et une posture rationnelle et consensuelle.

La maire de Lille met volontairement en avant ses qualités viriles : « Il ne faudra pas trembler pour mettre au pas la finance. Oui, j'ai mauvais caractère, mais il en faut, du caractère, pour dompter les banques. » Tel un lutteur avant le combat, Martine Aubry montre ses muscles, elle use d'un vocabulaire mâle pour démontrer sa détermination. Féliciter un camarade pour ses attributs masculins constitue un compliment de marque pour Martine Aubry, qui salua un jour Manuel Valls d'un très gratifiant : « Tu défends tes convictions avec courage, tu as des c..., Manuel ! » Un syndicaliste habitué des négociations avec la ministre du Travail la louangea ainsi, devant un ancien collègue de gouvernement de Jacques Delors : « Martine, c'est son père, en plus viril. »

A contrario, toujours dans le même registre extrêmement connoté, Martine Aubry affuble son concurrent de qualificatifs dévalorisants. Le terme « gauche molle » évoque inévitablement le manque de vigueur, sinon l'absence d'attributs masculins. La gentillesse de François Hollande, son caractère

aimable, son approche rassembleuse, constitue-
raient autant de gages de son incompétence.

La démarche de Martine Aubry ne brille pas
d'une grande originalité. La plupart des responsables français se situent également dans un registre
mâle.

Au pays du coq gaulois, le propos s'avère perti-
nent ; la politique est souvent perçue comme une
bataille militaire, décrite par un vocabulaire guer-
rier. On y croise des généraux et des lieutenants,
qui s'exposent à l'avant-garde du combat. Les
troupes lancent l'assaut, partent à l'offensive, ou
battent en retraite. On fourbit les armes et l'on
recense ses munitions. On compte ses divisions.
On dénombre les blessés et les morts. Le chef se
comporte en stratège valeureux. Et cette succession
de bagarres se raconte comme une épopée contre
les ennemis. Le monde se répartit entre les bons et
les méchants, et chacun est sommé de choisir son
camp.

Depuis l'accession de la gauche au pouvoir en
1981, la plupart des grands leaders politiques se
sont illustrés dans ce registre belliqueux. François
Mitterrand lança le combat contre l'injustice en
1981, mais en 1988, « la force tranquille » se trans-
forma en une déclaration de guerre contre les clans
et les bandes.

Après une petite incursion vers l'ouverture,
Nicolas Sarkozy revint lui aussi vers les rivages tra-
ditionnels du bloc contre bloc. Ses porte-parole

dénoncent les socialistes « irresponsables » et vantent « la sagesse et l'expérience » de leur champion installé rue du Faubourg-Saint-Honoré.

L'Élysée ne cesse de mettre en avant les qualités viriles de son locataire. Nicolas Sarkozy fait montre d'un courage et d'une détermination dont le gentil Hollande serait dépourvu. En octobre 2011, juste après la désignation du candidat socialiste, *Le Figaro* rendait compte d'une enquête qui ravissait l'entourage présidentiel. S'ils devaient le comparer à un film, les Français assimilaient François Hollande au *Corniaud* ou au *Bonheur est dans le pré*. S'il devait être identifié à une étape du Tour de France cycliste, le Corrézien représentait deux cent cinquante kilomètres de plat en Belgique. En revanche, Nicolas Sarkozy se reconnaissait dans la montée du Galibier, sa politique rimait avec le film *Marche ou crève* ou la série *24 heures chrono*, dont le héros Jack Bauer sauve le monde et incarne la quintessence du mâle intrépide, dur à cuire, et naturellement bourré de testostérone.

Nos hommes politiques s'apparentent à des machos. Le modèle correspond si bien à la culture gauloise française qu'il inspire les femmes. Malgré son sourire et ses longs cheveux blonds, Marine Le Pen joue de sa grosse voix à l'occasion, et se pose comme une femme politique courageuse et sans peur face au système dominant.

Même Ségolène Royal penchait vers ce registre viril. Malgré ses appels à la fraternité et la féminité de son image, la Madone de 2007 ne craignait pas de taper du poing sur la table, de forcer son ton pour le rendre autoritaire, ou de réclamer un encadrement militaire pour les jeunes délinquants.

En 2002 la campagne de François Bayrou a pris son essor quand le centriste, réputé faible, a assumé virilement la gifle qu'il avait assenée à un gamin lui faisant les poches.

Dans ce monde où règne le coq gaulois, François Hollande apparaît comme un chat, malin et insaisissable.

Les félins domestiques savent dicter leurs désirs, mais sans user de leurs griffes. Ils s'enroulent autour des jambes de leurs maîtres, inlassablement, jusqu'à obtenir leur menu favori. François Hollande ressemble à ces chats qui reviennent sans cesse se lover dans les coussins du fauteuil interdit, il impose sa volonté à force d'insistance, de sourires et d'obstination.

L'homme de la synthèse ignore les critiques sur ses discours et ses attitudes jugées trop douces. Son modèle démocratique se situe à l'opposé de ces postures plastronnantes : n'a-t-il pas placé sa candidature sous le signe de la normalité ?

François Hollande est persuadé que le pays a besoin de « réconciliation, de rassemblement et d'apaisement », et non d'un président qui oppose les Français entre eux. « La société a besoin de deux choses contradictoires, explique le candidat[1] :

---

1. Entretien avec l'auteur.

l'apaisement et la direction. » François Hollande entend conjuguer ces deux aspirations et incarner à la fois le réconfort de l'apaisement, et la fermeté de la proposition. Il s'est positionné en fonction de ces deux exigences sur la question du nucléaire ou de l'éducation. Il s'est efforcé de tenir sa posture, malgré les critiques, les accusations d'irresponsabilité, et les interprétations contradictoires.

Tout comme Nicolas Sarkozy, il prétend désacraliser le pouvoir. Mais les deux hommes ne parlent pas du même pouvoir. Avec Nicolas Sarkozy le personnage présidentiel est devenu plus trivial, le chef de l'État adopte un comportement plus familier, mais il bénéficie toujours d'un statut privilégié, notamment en matière pénale. François Hollande veut descendre la fonction de son piédestal, et non son représentant qui doit veiller à la dignité de son image. À ses yeux, la pratique du pouvoir présidentiel doit se banaliser, alors que la mission élyséenne doit conserver une ambition élevée. Ce distinguo se résume d'une maxime : « Le pouvoir est une chose ordinaire pour faire des choses extraordinaires[1]. »

Mais avant d'exercer normalement ce mandat, il faut emporter une bataille qui ne présente jamais rien d'ordinaire. Or, une bonne partie de l'électorat du PS préfère le coq au chat. Les sympathisants de

---

1. François Hollande, *Devoirs de vérité*, dialogue avec Edwy Plenel, *op. cit.*

gauche sont souvent revanchards, leur but est de virer Nicolas Sarkozy.

Cette aspiration assez virile ne correspond pas au rêve de civilité politique proposé par François Hollande. Peut-il mener campagne sous le sceau de cette civilité politique ? Si les revanchards de gauche anti-Sarkozy utilisent François Hollande comme l'outil de leur rancune et conjuguent leurs voix avec ceux qui adhèrent au projet consensuel du socialiste, sa victoire paraît envisageable.

Si les deux attitudes, contradictoires, se contestent l'une l'autre au point de se neutraliser, la défaite apparaîtra au bout du chemin.

L'équation en revient toujours à cette étiquette que François Hollande s'est laissé accrocher au revers du veston : sa gentillesse. Un gentil sait-il se battre ?

L'anecdote est assez amusante, l'élection déterminera si elle est révélatrice.

Au début du mois d'août 2006, François Hollande analyse les précédentes campagnes présidentielles avec des amis, tous férus de politique. Face à Nicolas Sarkozy, l'homme de la rupture, la gauche paraît hésiter à trouver son créneau. François Hollande explique calmement que les socialistes doivent être eux-mêmes, et clairement marquer leurs différences avec la droite.

— Comment gagner cette bataille de la différenciation ? s'interroge à haute voix l'un des participants.

— En leur rentrant dans la gueule ! s'enflamme un fervent défenseur de François Hollande, au langage musclé. Mitterrand en 1988, il leur rentre dans la gueule ! Jospin, en disant que Chirac était vieilli, usé, fatigué, il lui rentrait dans la gueule ! Il aurait dû assumer, revendiquer ses paroles.

La sortie, bien appuyée, fait sourire les convives.

François Hollande reprend le propos, d'un ton plus serein :

« Le bon candidat, c'est vrai, c'est celui qui rentre dans la gueule, mais..., poursuit le premier secrétaire, conscient de son effet, lui qui use habituellement d'un langage plus châtié, ... le bon candidat c'est celui qui rentre dans la gueule, mais... au bon moment.

— Quand ça sent la poudre ! renchérit avec vigueur le belliqueux.

— Il ne faut pas faire sauter la poudre trop tôt, corrige doucement François Hollande, sinon elle vous explose dans la gueule ! » conclut-il dans un grand éclat de rire.

Le temps a passé, François Hollande ne rit plus si facilement. Il n'use plus si volontiers d'un vocabulaire familier, il pèse ses mots. Alors que Nicolas Sarkozy se rend en Libye saluer le travail des forces françaises, François Hollande refuse de reprendre à son compte l'ironie de ceux que la coïncidence des dates avec la primaire socialiste étonne. « J'ai une certaine conception de l'État, j'éprouve du respect pour la fonction présidentielle », explique-t-il.

« Et vous, François Hollande, imaginez-vous avoir la carrure, avoir les épaules d'un chef de guerre ? l'interroge un journaliste.

— Mais je ne veux pas être chef de guerre, rectifie avec gravité le candidat à l'investiture PS, je veux être chef de l'État. J'ai longtemps pensé qu'il pouvait y avoir un sens de l'histoire qui nous évite la guerre. Hélas, elle peut être sur notre chemin. Je ne souhaite pas – si les Français m'en donnent mandat – avoir à prendre cette décision, mais je me prépare à devoir le faire, si cela s'avère nécessaire. Je me prépare à ces décisions. »

Depuis qu'il s'est lancé dans cette course à la présidentielle, François Hollande se dispose à vivre cette forme de solitude. Il a décidé seul, tout seul, de se présenter à l'Élysée, sa compagne Valérie n'a pas voulu l'influencer.

À l'automne 2010, avec la « femme de sa vie », François aborde la question qui peuple toutes les pensées de ses proches. Il envisage très sérieusement de se porter candidat à l'Élysée, même si à l'époque, il sait que ses chances de l'emporter sont minimes, y compris au sein du PS. Tous les deux mesurent les conséquences de ce choix dans leur vie, dans leur couple, mais ils n'évoquent pas ces sujets.

« La seule question que tu dois te poser, répond Valérie, est de savoir si tu es le meilleur. Si tu ne le penses pas, tu n'as pas le droit d'y aller. La gauche a perdu les deux dernières présidentielles, une nouvelle défaite présente beaucoup de risques. Mais si tu penses que tu es le meilleur, alors tu y vas, et tu te donnes tous les moyens de gagner.

— Je suis le meilleur », répond tranquillement François Hollande à sa compagne, qui n'en doute pas. Elle est la première personne à laquelle il exprime cette pensée si immodeste.

« La vie politique est d'abord une comparaison », justifie le candidat en décembre 2011, en assurant que chaque fois qu'il a eu le sentiment qu'un autre que lui se positionnait mieux que lui, il l'« a servi » sans qu'il « lui en coûte ». François Hollande ne nourrit pas le complexe d'Iznogoud qui veut être calife à la place du calife, si le commandeur lui semble plus apte que lui. L'important réside dans leur aspiration commune. François Hollande partageait les projets de Jacques Delors et de Lionel Jospin.

Quand François Hollande dit : « Je suis le meilleur » désormais, il ne peut s'agir d'une application de la maxime prêtée à Talleyrand : « Quand je me regarde, je me désole ; quand je me compare, je me console. » François Hollande ne cherche pas à valoriser son ego défaillant, il conçoit une assez bonne opinion de lui-même, cette quête lui est superflue. Il s'observe avec suffisamment de distance pour prétendre se juger raisonnablement, presque objectivement, et se trouver mieux positionné que ses challengers. Sa normalité, son expérience, son projet consensuel et sa méthode conciliante incarnent l'apaisement et la réconciliation dont le pays a particulièrement besoin en cette période de crise, il en est persuadé.

Ce n'est donc pas la conquête que désire le plus fort François Hollande car, à ses yeux, la bataille électorale relève plutôt du passage obligé. Il s'y soumet avec l'application du bon élève chargé de résoudre une équation. Confronté aux différents accrocs d'un début de campagne cafouilleux avec les Verts, ardu avec le PS, scabreux avec les affaires qui empuantissent l'atmosphère, le candidat s'adapte, s'efforce d'afficher un recul lucide et serein. Pour lui, ces difficultés n'accusent pas sa capacité personnelle, elles s'apparentent à des irrégularités de terrain, à des « faits de jeu » dont il s'accommode. Pour régir sa campagne par exemple, il envisageait une troupe légère, plus vive que la grosse structure mise en place par Lionel Jospin en 2002 ; après sa désignation, la réaction de la machine UMP au service d'un président en exercice l'a convaincu d'organiser une équipe plus lourde.

Il veut la victoire, mais elle ne constitue pas son accomplissement, elle ne représente qu'une étape. Son ambition ne réside pas dans le fait de gagner le pouvoir, mais de le pratiquer.

Il fut conseiller occulte de François Mitterrand, directeur de cabinet de Max Gallo, homme lige de Jacques Delors, et premier secrétaire de Lionel Jospin ; candidat à l'Élysée, François Hollande définit ainsi son appétence : « J'ai d'autant plus envie d'exercer le pouvoir que je le connais. Je l'ai observé, je n'en suis pas blasé, j'ai envie de le pratiquer. »

Au terme de cette enquête, François Hollande ne semble pas devoir se défaire de ce profil du gentil, il aspire toujours à se rendre utile. Les coups de bec ont beau le viser de tous côtés, le chat ne force pas sa nature. Il hume le vent, flaire le terrain, esquive les attaques en grimpant sur un muret, mais il ne sort pas ses griffes. Face à lui, beaucoup de coqs gaulois bombent leur plastron, hérissent leur crête ou donnent de la voix : Nicolas Sarkozy, Marine Le Pen, François Bayrou, Jean-Luc Mélenchon et même Éva Joly, tous s'illustrent dans ce registre du verbe haut et dur. Chacun et chacune à leur manière, ils se dressent sur leurs ergots et assènent des formules acérées et rudes comme des coups de poing.

La France veut-elle être administrée par un dur ou par un conciliateur ? Les études sur le management décernent une prime à l'efficacité au directeur autoritaire, voire autoritariste en temps de crise, car il rassure. Mais selon ces experts, ce style de gestionnaire semble moins efficace à long terme : il étouffe les créativités et décourage les bonnes volontés et les innovations. D'après certains spécialistes, nous vivons une période de transition entre ces deux modèles.

Nicolas Sarkozy apparaît sans conteste comme l'incarnation d'un management à la dure. Le chef de l'État est-il capable de modifier sa démarche ?

Il en manifeste souvent la volonté. En se montrant plus apaisant, serait-il finalement en position de personnifier lui-même cette évolution ?

Au contraire, son ton catégorique va-t-il provoquer une rébellion, et mobiliser ses adversaires en plus grand nombre que ses partisans ? La gauche prétend attirer ces Français qui se sentent oubliés, ou même pénalisés, par la vision sarkozyste de la réussite. Mais ces électeurs vindicatifs peuvent tout aussi exprimer leur ressentiment ailleurs que sur un candidat qu'ils jugeront trop faible car trop conciliant ; ils peuvent choisir les extrêmes, à gauche ou à droite, voire le centre anti-système de François Bayrou.

Le volontarisme est-il forcément catégorique ? Faut-il crier pour convaincre ? Le pouvoir peut-il s'accomplir autrement que par l'affrontement ? Peut-on gagner sans désigner un perdant ?

La force peut-elle être gentille ? La force doit-elle être gentille ?

Pour la première fois en France, un prétendant à la plus haute responsabilité politique pose l'enjeu de la présidentielle en ces termes inattendus.

Incongrue, bienvenue ou mal fichue, l'équation dépasse le seul terrain politique. Cette audace constitue à la fois la faiblesse, et la force de François Hollande.

TABLE